Star*
星出版

新觀點
新思維
新眼界

CREATIVE CALLING

Establish a Daily Practice, Infuse Your World with Meaning, and Succeed in Work + Life

開啟你的
創意天賦

運用 IDEA 四步驟，打造你想要的人生

Chase Jarvis
卻斯・賈維斯 著

洪慧芳——譯

謹獻給此刻翻閱本書的你，
希望這本書能幫你塑造寶貴的人生。

謹獻給凱特 Kate，
妳是此生影響我最多的人，
也是我一生的摯愛。

目錄

感覺迷惘、有點累、人生卡卡？
前方就是轉機

「創意是耗不盡的，只會愈用愈多。」

—— 瑪雅．安傑洛 Maya Angelou，
已逝美國作家和詩人

問問你自己：**現在你的運作方式有效嗎？你的生活方式可行嗎？**

這是一本有關創意的書，但是更廣義來說，它談論的是人生及如何生活，不只談論如何開啟創意職涯，或是變成更好的設計師、作家、攝影師或創業者，雖然這本書確實可以幫助你大幅提升創意技能。這本書談論的是：如何把生活過得更豐富、更充實、更有意義，擁抱生活中的創意，就像《綠野仙蹤》裡的桃樂絲那樣，走出那棟黑白相間的堪薩斯小屋，踏進五彩繽紛的魔幻仙境。

想一想，此刻是什麼因素促使你打開這本書，你在追尋什麼？

如果你相信你已經找到這輩子的天職，也充分發揮潛

力了,那很棒!如果你已經把器度與快樂融入你做的每件事中,不僅是創意工作,也涵蓋生活的各個領域,那太好了!如果發揮創意與創新的精神,每天都為你的重要人際關係帶來快樂、靈感與活力,那你已經學會我能傳授的心法了。不管你正在做什麼,你做的事都發揮了效用,你正在實踐夢想。請繼續加油,持續開創你的人生,這個世界需要你的付出,請把這本書送給需要的人。

你還在讀嗎?

好吧,那可能是因為:你尚未實現夢想,也許不是尚未實現,而是你正在努力追尋。你可能感到筋疲力竭、有點迷失方向、感覺人生卡關,或者你可能懷疑,難道這輩子就只能像現在這樣嗎?你總覺得人生好像少了點什麼。你可能認為自己是個「有創意」的人,也可能不這麼想——不管那意味著什麼,但總之,這本書的某一點似乎引起了你的興趣。你可能還不知道那是什麼,你可能也不願意承認,我們後面會談到這點,但是請放心,這本書是為你而寫的。

又或者,你確實覺得自己很有創意,但你其實沒有進行任何創作。你以前會拍照、寫程式、寫作或玩樂器,但不知怎的,以前那些令你振奮或感覺充實的事情都悄悄地從你的生活中消失了。怪的是,不管你再怎麼努力,似乎都無法回到最佳狀態,這本書也是為你而寫的。

又或者,你確實會做點事情,可能是寫作、跳舞、

唱歌或連續創業，不管是斜槓兼差或正職，你規律「創作」，做得有聲有色。但現在，你突然不確定自己該如何繼續下去，甚至不知道自己該不該繼續下去。也許，你手上的專案陷入困境，客戶快把你逼瘋了，你已經準備放棄了。或者，你上次演出之後，感到內心空虛，甚至考慮乾脆別再拚下去了。

如果到目前為止，你的「創作」依然達不到你夢想的境界，難道不該就此放棄嗎？

別那麼快就放棄！

少了禁得起考驗的創作實務、熱情支持的創意夥伴、蓬勃發展的社群、強大堅韌的心態，生活就無法朝氣蓬勃。即使是成功的專業人士，也可能陷入困境。這本書將幫助你找到欠缺的東西，此時此刻，你內在的創意，將會是我們借力使力的槓桿。套用阿基米德的說法，給我們一個立足點，有了這根槓桿，我們就能夠移動世界。

還有最後一種可能性：你的創作表面上看起來很體面，但你沒什麼動力繼續下去，甚至對你的創作很冷感。這種情況確實會發生，我也遇過。外在的一切看起來還好，但內在依然莫名的空虛。

關於這點，你的因應之道應該是，**謹記你開始創作的初衷，藉由追溯起點，找到前進的道路**。你內心的某些東西需要表達出來，無論是把高中彈過的吉他拿出來擦擦灰塵、小玩一下，或是報名脫口秀俱樂部的即興發揮之夜，

你還是可以找回那種靈感 —— 那種快樂，那種你曾經感覺充實、飽滿的活力。你只需要聆聽內心的召喚，回歸初衷，循著道路前進就行了。

無論你身在何處，每天都是傾聽創意召喚的機會。

走過的路之所以美好，是因為每一步都不會白走 —— 歷經千折百轉，無論走了多遠，你永遠不會真的迷失，這就是創作過程的本質：過程中的一切都很重要，都有意義。**你現在感受到的挫折、厭倦或怨恨，只是直覺在告訴你，前方有轉機，你準備好了嗎？**

美好生活是精心打造的，是開創出來的。這本書主要談論的是：如何發揮創意，過更好的生活。經常以一些小方法來表達自我，你就會發現創造夢想生活所需的動力。創意對健康與福祉很重要，就像運動、營養、正念一樣不可或缺。唯有釋放這種強大的能量，你才能過充實的生活。

這本書是為你而寫的。

全世界都是你的畫布，
你只需要大膽揮灑

「沒有所謂『有創意的人』與『沒創意的人』這種分法，差別只在於你要不要發揮創意。不發揮創意並非毫無壞處，創意不善加運用其實不好，甚至很危險。」

—— 布芮尼・布朗 Brené Brown，
知名學者、《紐約時報》暢銷書作家

　　表面上看來一切都很好：我有「不錯的」抱負，也有實現抱負的明確計畫。我知道這輩子想做什麼，也相信我能達成。但是內心深處，我感到迷惘，心神不寧，空虛茫然，不知所措。我也說不上來是哪裡出了問題，但就是感覺有點不對勁。我掙扎著，再也無法往前跨一步 —— 這下子，我該怎麼執行那個計畫呢？

　　直到失去珍愛的人，我才意識到一點：那個計畫糟透了。每一步單獨來看都很有道理，但目的地卻令我提不起勁。前一年，我放棄了當職業足球員的夢想，現在我上了醫學院，投入另一種我根本不想過的生活。我到底在幹什

麼？這一切是怎麼發生的？

這輩子我一直在追尋別人的認可，為此還不惜一切代價。成為醫生，似乎是顯而易見的「正確」選擇，也是唯一的選擇。當初我是真的篤信這點，後來「失去」點醒了我，祖父的意外過世有如當頭棒喝，讓我赫然驚醒。失去他，讓我體悟到，人生只有一回。如果我不把握這個回合追求天命，以後永遠也不會做了。

但是，如果我不想懸壺濟世，哪個領域才是我的歸宿？我該做什麼呢？我的天命是什麼？我還不知道未來的確切形狀或輪廓，但內心有一股力量渴望被釋放出來。我站在人生的十字路口，「安全」的那條路通往一方，另一條路充滿了不確定與各種可能。

最後，我終於明白，天命是一種遠方的呢喃。多數人不是某天一覺醒來，就認定自己這輩子注定要當獸醫或聲樂家，那是我們事後走到某個終點，才告訴自己的故事。天命不是那樣的，**天命是一種直覺的暗示，是我們做某件事時，感覺很得心應手、再暢快不過的體驗，心想：「這實在太棒了，我要持續做這件事，看能闖出什麼名堂。」**

如果我們持續聆聽那些暗示，讓那些感動的體驗引導我們；如果我們留意那種召喚，很快就會發現我們正在走自己的路。無論我們走向何方，我們都是朝著該走的方向前進。

所以，我不是21歲時突然意識到，我想成為藝術

家、極限運動的攝影師，或創立線上學習平台。我只是打定主意，我要傾聽直覺。我知道我想拍照，就那麼簡單。我心想，只要我覺得我做的事情感覺很棒，其他一切自然會水到渠成，結果確實如此。

那一刻，我鼓起勇氣，讓周遭的每個人都失望了。我再次放棄了未來的計畫，猶豫地邁出第一步，踏上一條新的道路，一條追求創意職涯的道路。如今，我仍在那條路上，從未回頭。

發揮創意，就像呼吸一樣自然

有創意，不表示你要辭掉工作，戴上貝雷帽，或搬到巴黎；也不表示你要穿得與眾不同，結交一群「有藝術氣質」的新朋友；更不表示你得嘗試另一種形象或經歷某一種階段。現在就把你覺得創作者該有的樣子忘了吧。創意是一種幫人類維持生命的自然本能，對我們的健康與福祉很重要，就像呼吸一樣自然。

我們客觀來看吧。想像一下，假設在這個世界上，呼吸是可恥的行為。學校這樣教小孩：「孩子，呼吸小聲點！」於是，孩子從不跑來跑去，也不追逐玩耍，因為那會喘得太厲害。成人對任何事情也毫無興奮之情，因為他們怕一興奮起來會發出太大的呼吸聲。想像你生活在那樣的世界中，只靠微微吸入的氧氣過活，總是感到頭暈疲倦。

接著，再想像一下，有人告訴你，深吸一口清新的空

氣，讓整個胸腔填滿空氣，會讓你精力充沛、神清氣爽，對你非常有益。想像一下，有人告訴你，你的社會病了，而不是你。想像一下，有人告訴你，深呼吸會永遠改變你的思維與感受。

接下來你會做什麼？

每個人先天就有創意，不分種族、性別、性取向、能力或背景，創意人人都有。這本書的目的，就是鼓勵你擁抱、享受創意的所有好處。

我們發揮創意時，是發掘內在某股強大的力量。我們無法掌控這股能量，但可以把它開發出來。每個人的身上都有這種創造力，這是無庸置疑的——我已經看過創意釋放太多次了，如今不做他想。不管你有沒有意識到，現在這股力量就在你的體內嗡嗡作響。

我們創造東西時，會隨即啟動那個巨大的內在資源，即使那個東西很簡單、很小，即使那只是首度嘗試，之後很快就放棄了。但我們的創意不會在乎那些，它已經被你喚醒了，能量開始往四面八方流動。如果我們日復一日、月復一月地創造新事物，持續發揮創意，久而久之，不可思議的情況就會出現。我們感覺更好了：醒悟、充實、完整。**藉由規律創作，我們獲得新的活力來源。**

無論最終的結果是一個故事、一張照片、一桌好菜，還是一筆生意，把腦中的想法轉變成具體的現實都是人生一大樂事。我們先天就有很多創意可以做到這樣，我們體

內本來就有一小塊高密度的創意鉨元素。反應爐裡有近乎無限的燃料，可以驅動一輩子的創意發揮。事實上，這種能量只會愈用愈多。不過，就像鉨元素一樣，創意也是危險的，那些能量需要一個出口，必須透過經常創作來釋放。憋在體內的話，它會變得很危險，甚至變成有害的東西。創意若不發揮出來，它會毒害你的生活。

創意是什麼？為什麼創意很重要？

所謂「創意」，是把兩個或多個意想不到的東西，以實用的新方法加以組合或重新排列，就那麼簡單！儘管這個簡單的定義蘊藏了很深的哲理。

相較於創意是「什麼」，更重要的是「為什麼」：創作時，我們自由投入時間與心力，增添價值，不期待任何回報。要做到這點，我們必須運用真我──這表示創意是學習相信自己的過程。當純粹的創意在你的體內流動時，判斷力是無法掌控的。這本書將教你如何放棄一切評斷，完全相信自己。你需要的一切，現在都在你的內心深處。

你的未來取決於三項不同的前提：

1. **你先天就有創意，幾乎可以無限創造、發展新事物。**
2. **你需要懂得發揮創意，充分釋放潛能，才能獲得那股創造力。**
3. **你必須認定自己是個有創意的人，把世界當作你的畫布，經常展示你的想法，這樣就會自然而然創造出你**

真正想要的生活。

換句話說，沒錯，彈鋼琴會讓你的生活變得更好；烹飪、寫程式或創業會改變你的想法，讓你相信自己可以塑造環境與經驗。那樣做，會給你一種別人無法撼動的自主感。隨著創造力日益發揮，你愈有能力打造你想要的生活。畢竟，**你想要的生活，只是一種規模更大的創作。**

從來沒有人教我們這些事情，這個社會直接把大家分成「有創意的人」和「其他人」，這種分法是錯誤、有害的。一旦你摒除這種扭曲的思維，你的心態就會改變。你會突然明白，創意是一種非常實際的追求，是豐富生活的泉源。釋放創意，是你的最高使命，也是塑造人生軌跡的關鍵。儘管創意的威力既強大又危險，但你不大可能搞砸這種天賦。搞砸天賦的唯一做法，就是像我以前那樣忽視它。

不過，那種傷害是可逆轉的，我就是活生生的例子。後來我學會傾聽天命的召喚，找到方法回歸正軌。這也是為什麼我那麼熱切想要幫大家挖出一切有關發揮創意的方法，並且分享如何根除對創作者有害的思維，因為那些都是畫地自限的想法。在那些有害的思維中，排在首位的是：創意是少數人擁有的罕見天賦。真是胡說八道！創意是我們與生俱來的力量。社會文化的制約，使我們以為自己沒有那種能力。

創意把我們的預設模式連接起來：思考與行動，開放與封閉。當我們開放時，我們評估各種可能性，想辦法把

各個部分組成一個有凝聚性的整體。當我們封閉時，我們埋頭苦幹，積極朝著完工的方向前進。

封閉沒有關係，事實上，那是必要的，只要前提是：你是以正確的方式，完成正確的事情。例如，如果你為粉刷臥室買了油漆，你對油漆的顏色與色澤都很滿意，請你不要只是站在那裡，你應該捲起袖子，趕快去漆那些牆壁。然而，更多時候，我們是卡在封閉的狀態。我們往往太急於開始，忘了再三思量居家的顏色，直到為時已晚才赫然發現：「呃……家裡怎麼到處都是米色！」

我們從小就被教導要坐下來，閉嘴，乖乖聽話做事；不然的話，可能顯得唐突、冒險，甚至愚蠢。長大以後，長期的壓力與現代生活的不確定性，使我們持續處於封閉的狀態，專注完成待辦清單上的每項任務。於是，我們的視野漸趨狹隘，目光變得短淺，看不見周遭的機會。為了讓自己發展得更好，我們需要學會在兩種模式之間來回切換，從開放到封閉，從封閉回到開放。

這裡需要澄清一點，我所謂的「創意」，不僅是指「藝術」，例如油畫與小提琴奏鳴曲之類的。藝術只是創意的一個子集，**創意本身不局限於特定技藝。創意是對外界展現獨創點子的能力**，那是在解決問題，是商業與行動主義，是為了養家糊口，是培養讓生活更有意義的人脈，也是與自己的內在培養關係。經常從事的創作技藝，例如攝影、寫程式、烹飪等，可以開啟更大的創造力。這樣做

可以讓你看到各種可能性，讓你從中選擇，進而開創你想要的生活。

創意十足的英國演員、編劇和電影製作人約翰‧克里斯（John Cleese）曾說：「創意不是天賦，而是一種運作方式。」為了幫助你以這種新的方式運作，我將分享我身為藝術從業者、創業人士、朋友、丈夫、人類等角色所學到的創作經驗，幫助你打造收穫豐富、高效益的創意生涯。無論你是為了嗜好、兼職或正職創作，或者你根本不知道自己能夠做什麼，這本書都有可能拉你一把。要不是有這種好玩但神聖、有時傻氣卻又正經的自然力量，我不知道今天的我會是什麼樣子。

追尋天命

追尋天命之所以如此困難是有原因的。直覺告訴我們該做什麼、該如何生活，那股聲音是來自內心，但它把我們引導到未知的境地。當我終於開始聆聽那個心聲時，我踏上了一條新的道路。那條路不是職涯輔導師為我規劃的，不是父母鼓勵我追求的，也不是社會建議我走的，而是我自己開創的。

發現自己邁向只有你能去的地方，這種感覺令人振奮。但是，聆聽內心的召喚、找到你該走的路只是起始，接下來你必須行動。我在那條路上前進時，可說是用盡洪荒之力，歷經了無數小時的探索、練習、試誤，才看到結

果。金錢一直是我的一大考量，最初幾年我兼差當服務生，吃泡麵，權衡著家裡的帳單與底片的價格，每塊錢都錙銖必較。每次有機會練習攝影技巧時，無論再怎麼辛苦，我都覺得很值得──即使是掛在積雪的山壁上好幾個小時，以麻痺的手指持續按著快門，我依然覺得不虛此行。

　　不管再怎麼疲憊或沮喪，我都可以感覺自己踏在那條路上。那種踏實的感覺，使一切付出，都變得很值得。這輩子，直覺一直在召喚我，每隔一段時間，我就會注意到，感覺到一種罕見的和諧感與一致感，但我總是說不上來那究竟是什麼。現在，我以雙耳傾聽，雙腳踏實地走在這條路上，這是我畢生第一次與內心產生完美的共鳴，讓我覺得一切辛苦都非常值得。雖然我走的這條路不是筆直的，甚至很無厘頭，但我開始往前邁進以後，覺得這條路再合理不過了。我終於為困在體內的一切潛力，找到了發揮的出口。

　　最後，努力有了回報，我終於有所突破，開始走訪世界各地，為蘋果、Nike、紅牛（Red Bull）等品牌拍攝廣告。現在我終於兼顧了一切：實現了創作夢想，達成了職業抱負，也獲得了財富。這一切付出確實有效！我為自己找到一個美好又充實的職涯；身為藝術家，我獲得了極大的成長。接著，我聽到另一股聲音的召喚，它要我與其他創作者連結，把日子過得更廣闊、更積極合作。那種對人脈與專業關係的渴望，讓我認識了一群志趣相投的人所組

成的生態系統，裡面的每個成員都積極地在自己的創作道路上邁進。這個全球社群與普通世界是同時並存的，他們是藝術家、創業者、開發者、創造者，以創作為重，把創作擺在其他生活需求之前。很多人獨立作業，有些人是在大型組織自由運作。光是知道有人跟我一樣開創自己的命運，就帶給我很大的動力。

在專業攝影中，大家往往不願透露一些祕技，把其他攝影師視為競爭對手，而不是同夥。藉由分享追求教學相長，並非業界常態。我發現，其他創意領域也是如此，這種情況必須改變。每個創作者走的路基本上是一樣的，我不明白為什麼我們不能各自向前邁進，同時互通有無。創作這條路已經夠艱辛了，為什麼我們不能幫助彼此、一起成長呢？我開了一個部落格，寫下我創作時所經歷的各種成敗。隨著技術進步，我開始用影片來分享工作的幕後花絮。我與創意生態系統分享個人經驗，因此賦予自己和他人一些力量。在最早的社群平台上，這麼做迅速促成了一種良性循環──創意、玩樂、發現，並因網絡效應而放大。

如今，對創意專業人士來說，這種開放式的分享很正常，但是在社群媒體剛出現時，這麼做有如異端邪說。老派的攝影師告訴我，我分享「商業機密」是在「摧毀」這個行業。也許，我無條件分享辛苦學來的知識對自己不利，但我總覺得藏私的感覺不大對勁。分享的時候，你有機會影響及打造社群並宣傳理念，那些好處似乎遠大於可

能的負面影響。

　　那些同行的憤怒令我失望，但我並不訝異。我不理會那些批評，而是加倍努力分享。不過，內心深處我還是希望其他專業人士最終也決定分享所學。當時我仍飽受「冒牌者症候群」（imposter syndrome）所苦，覺得「真正的」攝影師什麼都懂，我要達到那種萬能的境界才算合格。儘管當時我已在業界累積了不少成就，我依然覺得自己很菜，是局外人、冒牌貨。

　　隨著我不斷精進技藝，投入每個新興的社群平台與工具，我與全世界愈來愈大的創意社群建立連結。他們了解我的作品與想法，因為他們跟我一樣──渴求知識、故事與經驗。隨著我愈來愈投入創作，我意識到，這是一種非常龐大的現象（不管是什麼），比攝影還大，甚至比藝術還大。

　　當時我並不知道這些，但分享知識、建立社群、鼓勵他人追求創意夢想等概念，促使我在2010年與人共創線上學習公司CreativeLive。從那時起，世界各地有上千萬名學生在我們的平台上，花數十億分鐘觀看影片學習。我們打造了全球最好的創意與創業教學館，提供上萬小時的優質學習體驗。我們的課程是由普立茲獎、葛萊美獎、奧斯卡獎得主，以及《紐約時報》暢銷書作家、意見領袖、顛覆產業的創業家講授的。我們的課程、播客、文章為大家提供了靈感與工具，幫助大家釋放創意，在各自的創作

領域蓬勃發展。

這些數字如今依然令我震驚，但在展開這段旅程九年後寫下這些文字，我確信我們才剛開始而已。畢竟，世界已經改變，我們已經突破了引爆點。現在，人類與地球面臨著一系列新的挑戰，只有創意才能解決那些挑戰。

你是誰？

現在，你可能正在回想，多年來別人對你的創意所提出的評價。父母、同儕、師長、雇主的評語，對我們的創作身分有著巨大的影響。一句讚美，鼓舞了不只一個創作者；一句否定，摧毀的人更多。

你是怎麼看你自己的呢？你是新手，剛在創意這條路上起步，依然懷疑自己能做什麼有價值的貢獻？你已經把發揮創意當成嗜好多年，渴望更深入投入這項技藝，甚至考慮當成全職？你是入行已久的創意專業人士，但疲於維持收支平衡或維持工作熱情嗎？

無論你屬於下列哪一類，這本書都可以助你一臂之力：

- **雄心勃勃的專業人士。**你認為自己是認真、專業的創作者 —— 即使工作不是你的主要收入來源，你想把作品與大眾評價提升到新的層次。
- **停滯不前的創作者。**你想創作卻毫無進展，可能是因為配合要求、經濟壓力或恐懼。你很渴望重啟創意，但不知道如何點燃熱情。

- **業餘愛好者**。你以正職的收入來支持業餘的創作熱情，你很滿意這樣的安排，但是想要精進技藝，讓自己的創作更深入、更豐富。
- **創意好奇者**。你覺得自己沒什麼創意，但想要探索「創意是人類福祉的基礎」這個概念。

　　無論你屬於哪個族群 —— 全職藝術家、創業者、業餘愛好者、退休人士、學生、公司裡的創作者，這本書都能以你意想不到的方式幫助你。**這就是創意：你不需要看到整個過程，只需要邁出下一步，然後再一步；每個創作者走的路都有許多意想不到的曲折，這是創作的本質。**在發揮創意方面，唯一可能出現的「失敗」，就是在創作的道路上完全止步。

　　說到創意，任何努力都不會白費。每一份未完成的手稿，每一件談不成的生意，每一幅揉掉的素描，每一項淘汰的樂器，都代表你又向前邁進了一步。一旦你明白整個創作歷程，包括每項愚蠢的錯誤、每個揪心的失敗，都是必經之路，你就會明白跨出下一步對你毫無損失，不管那一步是邁向何方。

IDEA：新的運作方式

　　整體而言，這本書為創意發揮的流程，提供了一套結構化、完善、可重複運用的系統。每一章都經過精心設計，以前一章為基礎做進一步的延伸。本書分成四個步

驟，正好可以縮寫成IDEA這個字：

- **Imagine**（想像）：想像你想創造什麼 —— 毫不設限。
- **Design**（設計）：設計策略，實現夢想。
- **Execute**（執行）：執行策略，突破障礙。
- **Amplify**（擴大）：擴大視野，創造你想要的影響力。

　　IDEA既是架構，也是工具，可以用來創造任何成功的專案，也可以用來打造你想要的生活。它讓你以各種大大小小的方式展現創意靈感，在過程中改造自己。

　　這個系統中的每項元素都很寶貴，若要掌握IDEA的真正力量，以及這本書傳授的心法，關鍵在於致力投入整個流程。如果你「想像」最激勵人心的結果，「設計」了一項計畫卻不採取行動，你可能暫時受到鼓舞，但最終那只是幻想而已。同樣地，「執行」或「擴大」別人的遠大夢想，無法令你滿足，只會讓你覺得壯志未酬，甚至令你後悔不已。**一個完整的IDEA循環是指，過程中的所有元素一起運作；另一方面，培養個人的力量，創造你想要的結果。**任何人在專案與生活中不斷追求成果，無論有沒有意識到，其實都是以某種形式，利用IDEA流程來釋放個人潛能。我之所以為這個流程命名，是想確保我們在生活的每個領域，都能堅持這個致勝流程。

　　在你讀完這本書，落實你覺得有共鳴的建議以後，請持續以這本書當作可靠參考。不要覺得不好意思，你可以盡量在書上塗寫，有空重讀，折角及標注重點。必要時，

你甚至可以把這本書拿來當作臨時的相機腳架。最重要的是，你需要採取行動，看看會發生什麼。我在書中請你做一些練習時，請你跟著做，把這件事看得跟那些能夠改善你餘生的流程一樣重要。致力發揮創意，你將獲得數倍回報。

在我協助數百萬人追求創作熱情的過程中，我發現每個人都有與生俱來的天賦。你的天賦是獨一無二的，你的首要任務就是找出你的天賦是什麼，下一項任務則是發揮那些天賦，但是要怎麼做呢？走自己的路，不管它通往何處。培養讓你達成目標的技能。當你感到自我懷疑時，就馬上轉念，改採一種新的心態：不再逃避你不想做的事情，開始追逐你想做的事情。**我們的目標不是創造傑作，而是把生活變成傑作。**

怎麼做？

我去德州奧斯汀的「西南偏南」（South by Southwest, SXSW）藝術節與大會上做主題演講。演講結束後，我走下講台時，看到約一百人等著我回答問題，排第一位的女士約四十幾歲，她想重新點燃生活中的創意。她說，她對設計一直很感興趣，但大學畢業後，她就完全放棄夢想，不再渴望成為自由接案的設計師了。她不僅選了一個沒有成就感的「安全」職業，也放棄了各種形式的創意表達。

我問她，是什麼阻止她去做時，她突然哭了起來。工作、家庭、生活的種種要求，占用她所有的時間和精力，

她完全沒有個人時間。她覺得自己無法脫身，因為家庭有賴她那份收入。

這位女士並沒有意識到，她誤信了一個很多人都相信的大謊言。很多人深信，追求天命的風險太大、不切實際，甚至不需要考慮追求。他們覺得追求天命太自私了、也不明智，但內心深處，我們都知道這是自欺欺人的想法，於是我們帶著這種遺憾，進入人生的每個新階段。這些錯誤的想法根深柢固，變成我們深信不疑的信條，於是要消除它們所造成的傷害愈來愈難。對這位女士或是你來說，唯一的解方就是立刻停止這種瘋狂的想法，對自己展現愛與關懷，好好鼓起勇氣，做出改變。

我給她的答覆很簡單：請妳開始。**每天花幾分鐘的時間重新點燃創意，先別擔心其他的事，只要坐下來做點東西就好**。一旦你能夠開始，你可以決定要不要進一步發展，利用你做的事來賺外快，甚至轉行。家人與關愛你的人看到你的熱情與投入時，你會更容易與他們溝通。

她是促使我想要傳播這個訊息的數千個實例之一，我想把多年來我對創意的本質與重要性的看法，透過我的播客《賈維斯現場秀》(*The Chase Jarvis LIVE Show*)、社群媒體，以及這本書傳播出去。如果你的處境跟那位女士一樣，請讓這本書及使用 #creativecalling 這個標籤的同好，鼓勵你勇敢邁出下一步。

當我們一再壓抑創作的衝動時，那些衝動會硬化，就

像沒蓋上蓋子的黏膠一樣。幸好，這種硬化的黏膠還可以再度軟化，你內在的創意是堅不可摧的。

　　每次有一批新成員來CreativeLive的工作室上課時，他們接下來的轉變總是令我驚訝。大家剛來的第一天，看起來沒什麼信心，甚至很封閉。一兩天後，他們滿懷熱情回家，迎接新的創意挑戰，這種轉變實在太棒了。

　　你需要知道你先天就有創造力，因為那是關鍵所在。你認為自己很有創意嗎？如果是的話，很好。我們將以此為基礎，繼續發展。如果不是的話，你要選擇默默接受別人給你的身分，還是主動要求你應得的身分呢？你想主宰自己的人生嗎？

　　如果你願意說自己是個創作者，那就準備進入一個充滿可能性的世界吧。以前進入各行各業都有既定的途徑，現在時代不同了，除了少數幾種職業以外，**當今許多最有價值的工作，本質上都需要發揮創意**。那些工作甚至在大家求學時期還不存在，既定的入行途徑正在崩解，教科書跟不上時代變化，追求自己的道路比以前更有必要，風險更低。

　　世界正處於十字路口，即將發生徹底的轉變。每個人不分身分、不管想做什麼，都應該擔起釋放個人潛力的責任。開啟創意職涯，是我們的最高使命。

第一步

Imagine 想像

想像你想創造什麼 —— 毫不設限

1 傾聽內在召喚

「沒有藝術家能夠容忍現實。」

——尼采，19世紀德國哲學家

　　坦白說，太多人花了好幾年、甚至好幾十年的時間，拿自己的寶貴人生去追求別人的計畫。自我設限的信念、別人熟悉的途徑、文化中種種「理所當然」的規範綁住了我們，使我們動彈不得，但那些束縛都只是幻覺。這個世界使你以為創作是在放縱自我，是在浪費資源，你應該把資源善用在其他更有價值的事情上。那是指關注股市嗎？做科學實驗嗎？大家永遠沒講清楚你該做什麼，只說追求創意職涯是好高騖遠、自私自利，甚至太過天真。

　　但事實正好相反，創意是你與生俱來的權利，建立一套創作實務，是為你追尋的任何目標奠定基礎。創意是豪放的，能夠改變人生、顛覆思維，務實得很。事實上，**唯有每天發揮創意，從事小小的創作，我們才會明白，在我**

們最渴望或最需要改變人生的時候，**我們確實有能力大刀闊斧著手改變**。唯有培養創作力，我們才能創造一切。

體制失靈

《魔鬼終結者》（*The Terminator*）和《阿凡達》（*Avatar*）等電影的編劇兼導演詹姆斯・卡麥隆（James Cameron）早在十幾歲時，就有拍電影的想法。班上同學在背各州首府或讀生物學時，他自顧自地寫下一些有關外星人與機器人的點子。數十年後的今天，他仍持續把高中時代的一些靈感轉變成賣座大片，這就是我所謂的「潛力泉源」，那是深不可測的。試想，當他用完高中的點子，開始用二十幾歲想到的點子時，他會拍出什麼樣的片子？

但重點是：卡麥隆的創意並非特例，每個人先天都有創意，孩子對創作更是充滿熱情，他們滿腦子都是點子，亟欲把那些點子變成現實。你可以走進任一所幼兒園的教室，問有沒有人願意畫一幅畫給你，每個孩子都會舉手，甚至爭先恐後地爬上課桌。

可惜，這種創作的熱情並不持久。如果你到小學五年級的教室提出同樣的要求，也許只有一半的學童舉手。到高中的教室呢？有兩個青少年大膽舉手就不錯了。這是體制造成的，**傳統教育為了讓我們適應以後的工廠與辦公室隔間，扼殺了我們的創意衝動**。教育體系之所以如此，是出於一片好意，但這種運作方式已經過時了。

　　國小二年級的時候，我很喜歡在全班面前表現，例如畫畫、變魔術、講笑話。某天，我無意間聽到老師對我媽說，我的「運動細胞遠比藝術細胞好」，我聽了以後覺得非常尷尬，當下馬上告訴自己，以後別在全班面前表演了，專心往運動發展。我這種例子太常見了，**我們從小接受的教育，要求我們回避創意障礙，而不是冒險克服障礙。**

　　現在不同了。我們先天的創作本能 —— 天命 —— 不會消失。你可能依然保有那種創作熱情，或是最近重新點燃了那種熱情，或者你正想重新發掘熱情。不管你是哪一種情況，重點是創意仍在你的體內醞釀。

　　我們目前的生活及想過的生活之間往往有一段落差，現在是正視那段落差、承認它的存在，然後運用先天的創意去消弭落差的時候。別再照著別人的劇本走了，創作你自己的劇本吧！你想做什麼？更重要的是，你想成為什麼樣的人？

相信你的內在心聲

　　希望你在閱讀前言時，內心有所悸動 —— 如果你直接跳過前言，請回頭看一下。也許你會想要從壁櫥裡拿出放棄已久的樂器，或是撢去一些工具上的灰塵。「有何不可呢？這個週末下午，就乾脆盡情享受，暫時把待辦清單拋諸腦後吧！難得放縱一次，應該會很有趣。」

　　這就是創意的召喚嗎？也許吧。或者，你可能聽到那

股召喚聲很久了，只是遲遲不願採取行動。聆聽召喚很容易，但前提是你要知道你想聽什麼。你聽到的是周遭的耳語嗎？例如父母、同儕、老套的文化敘事？那不是你想聽的。你想聽的是你內在的心聲，你的直覺。你知道兩者是不同的。

直覺是我們與生俱來最強大的工具，身體真的可以感受到真相。回想一下，直覺告訴你繼續和那個人交往，或是離開那份工作，它可能在為你指點迷津，雖然你有時把它當成耳邊風，或者，你過了幾個月或幾年後，才意識到直覺料事如神。

體制教我們忽略「軟性」的直覺，但直覺其實是我們與生俱來最重要的天賦，那不只有利於創作，也攸關我們的人生。然而，當你習慣忽視直覺以後，你可能很難運用及相信直覺。付出慘痛的代價，教會我隨時隨地密切關注直覺。直覺提醒我離開或推動我向前時，那一定是因為它抓到了真正重要的關鍵，有時我還需要再三思量，才能夠搞清楚狀況。

仔細傾聽心聲，答案幾乎一定在你的內心深處，科學也證實了這點。西方文化長久以來鄙視直覺的重要，推崇所謂的理性思維。直到最近幾十年，研究人員才開始發現，理性不僅不完美，甚至離完美相距甚遠：人類的日常認知有限又緩慢，容易受到毫無助益的偏見所扭曲。與此同時，直覺則是日益展現出令人訝異的本質，快速又靈

敏，是一種觀感敏銳的工具，能夠迅速掌握意識所無法察覺的微妙細節與型態。

如果你認同我到目前為止所說的一切 —— 創意是一種無窮盡的能量來源，那麼壓抑創意等於是一種龐大的能量消耗。那些沒創作出來的作品、沒表達出來的自我，就像鉛塊一樣壓在你體內，拖累你，消耗著一個健康的人可以從日常生活中找到的滿足感。事實上，如果你讀到這裡還完全無感，你可能病得不輕。如果你對前述的反應是「是喔？」，並聳聳肩、不以為意，你已經把創意壓得密不透氣。

但往好處想，那也表示你有更多能量可以釋放。現在唯一重要的是採取行動，開始創作。

每天無時無刻不壓抑著創意，實在太苦了。這樣不僅容易生病（壓力與焦慮已經證實對健康有害），也勞心費神。否定內在的創意，就像你因為無法想像更好的未來而持續跟爛人交往，或是持續做沒有前途的工作一樣，這些情況是不是聽起來很耳熟？

如果你讓自己相信本書的流程，並且使用書裡建議的方法，你可以消除那些阻礙你發揮創意的障礙。你愈是投入創作，結果愈顯著。那是一種連鎖反應：你付出愈多，得到的愈多。一開始並不容易，但想像一下，當你終於把靈感逐一轉化為現實時，你會感覺多輕鬆？

發揮創意，並不是要你放棄正職，或是把一切拋諸腦

後，那是一種有害的迷思。我不會教你把務實考量一律拋除，每個人開創創意生涯的路徑各不相同，你的路怎麼走，取決於你。**無論你想找充實日常生活的小方法，還是想要開創副業，或是夢想一份全職的工作，創意都是幫你把人生過得更寬廣的利器。**創意對健康福祉很重要，就像運動、營養、正念一樣不可或缺。不管你的意圖是什麼或想從事什麼創作，你都是創作者。發揮創意不是放縱自我或奢求，而是蓬勃發展的必要條件。

用字遣詞決定心態

有些人說「裝久成真」，現在就忘了那句話吧！我主張「做久成真」，創作者就是要創作。你讀哪所學校、受邀參加什麼派對、穿什麼都不重要，創作者就是要創作，行動才是你的身分。你做什麼事情，就會變成什麼人。你不需要獲得任何人的許可，就可以自稱為作家、創業者或樂手。你只需要寫作、創業或演奏音樂就行了。你必須先做動詞，才能變成名詞。

重新開啟創意管道的第一步，也是最有力的一步，不是去學習某種技能或發掘隱藏的才能，而是認清 —— 其實是謹記 —— 一項重要的事實：你是有創意的。

用字遣詞很重要，如果你不願把自己視為創作者，也不願向別人宣告這項事實，你能做什麼或可能潛藏著多少天賦都不重要了。當我終於誠實面對自己，承認我不想

當醫生時，我去印了一些名片，上頭寫著：「卻斯·賈維斯，攝影師。」當時我甚至連一台專業相機也沒有，只是隨手拍了一些快照。那些名片不是用來說服潛在客戶的，我需要那些名片來說服自己。

在聚會交流中，尤其是美國，一般人一開口就習慣問：「你在哪高就？」儘管說出口很尷尬，但我開始坦率回答這個萬年不變的問題：「我是攝影師。」大家真正想問的是：「你的全職工作是什麼？」但我一點也不在乎，說出我想成為什麼，感覺很好。切記，做久成真！一旦你開始拍照，你在各方面都算是攝影師：概念上、理論上、實務上都是。坐下來畫畫，你就是畫家，就這麼簡單！

但簡單，不表示容易。

一旦你不再像我年輕時那樣回避、甚至閃躲你的創意身分，一切都會改變。看似可怕的障礙會消失，那些障礙本來就不是真的，一直以來，它們就只是口頭上的言語罷了 —— 天賦、特權、機會、運氣等。坐下來，實際創作，就可以消除這些言語屏障。

用字遣詞是很強大的工具，你怎麼對自己說話很重要。當你以創作者自居時，相較於那些依然忽視先天創意的人，你多了一個所向無敵的優勢。

你感到害怕嗎？即使只是有點怕？感到害怕是你朝著正確方向前進的徵兆。想為世界創造新的事物，那個念頭光想起來就可能令人害怕。

萬一我不夠好怎麼辦？

萬一這不是我該追求的「正確」目標怎麼辦？

萬一沒人喜歡我或我的東西怎麼辦？

萬一收入不足以維生怎麼辦？

恐懼是人之常情，也是一種珍貴的本能。大腦中原始的「爬蟲腦」是為了保護你，讓你活下去。你無法跟它講道理，它是透過行動學習的。如果你不顧恐懼、毅然採取行動並生存下來了，你會得到小小的心得。久而久之，在你投入一個接一個行動之後，內心那個消極的聲音會愈來愈小。那個聲音可能聽起來像不支持你的父母、挑剔的老師、殘酷的同儕、其他失意的創作者，但那些人現在又不是跟你在同一個房間裡，你聽到的聲音其實是恐懼使然。你的大腦只是在排練老劇本的台詞，你愈是聆聽那個聲音，那個聲音會變得愈大。別理會那個聲音，你應該編寫自己的腳本。

創意障礙與潛藏優點

我常看傳記與紀錄片，以解析我最敬佩的創作者過什麼生活。儘管細節各不相同，但看多了這類內容，你會發現他們普遍都有一些共同特質。例如，海明威把打字機放在書架上，站著打字；伊迪絲・華頓（Edith Wharton）躺在床上拿筆書寫；他們各自建立一種創作儀式，堅持下

去。他們都穩定創作，持續發表作品。專業人士不管有沒有靈感都會創作，他們允許作品不完美，只要開始做，就一定會把它做完，做完後就發表出來。任何例外，只是證明常態的存在。

相反地，苦苦掙扎的創作者，是以不同的方式掙扎。有趣的是，每個明顯的缺點，其實代表一種未善用或遭到誤解的潛藏優點。

- 你是不是投入許多專案，但每一項都沒做完？你可能是「**啟動者**」（Starter）。
- 你是不是一直重做同一件事，直到厭倦為止？你可能是「**拖拉者**」（Noodler）。
- 你是不是曾被外力左右？你可能是「**排序者**」（Prioritizer）。
- 你是不是討厭「藝術家」這個概念？你可能是「**抗拒者**」（Resister）。
- 你是不是積極的創作者，但達不到某些內在的品質、數量、外在肯定或薪酬標準？你可能是「**奮鬥者**」（Striver）。

你可能覺得自己兼具這幾種形象，難以歸類，那也沒關係。我們逐一來探索這些形象，看你覺得哪一種比較熟悉。

啟動者

對啟動者來說，創意專案一開始令人興奮，猶如展

開一場新戀情，充滿各種可能性。無論你是為某個重要主題構思一系列照片，還是構思宏大的美國小說或獨立紀錄片，專案內容毫無設限。你可以天馬行空地發揮想像力，不必擔心預算、時間表、合作者，或甚至觀眾在哪裡。總之，你不需要未雨綢繆，此時你完全沉浸在想像的樂趣中。

任何專案的這個部分都令人振奮；事實上，對許多人來說，我們通常做到這裡就停了。我們買了材料，訂了一堆書，報名上課。接著，內心突然萌生出不一樣的念頭。於是，你轉變方向，向自己承諾，改天情況好轉時，你會再試一次。

有些人會努力突破第一波阻力，撐得更久，例如拍下第一批照片，打下最初幾段文字，彈奏一些音樂。夢想與現實第一次交會時，你馬上看出你做的東西與腦中的理想相距甚遠。更糟的是，從當下的情境到夢想的目標之間，你看不到一條清晰的道路。

於是，經過幾次猶豫後，啟動者止步了。為什麼呢？因為他的腦中又冒出更好的新點子，等著他去啟動。

沒錯，我拍了一些不錯的風景照，但拍一些人物照更適合上傳到 Instagram。

沒錯，我的小說第一章快寫完了，但是我改寫短篇故事可能更容易出版。

沒錯，我為紀錄片拍了一些採訪，但是等我完成這部

片時，這個主題可能不像另一個主題那麼切合電影節的主軸。

沒錯，我們的網路 app 有一些付費用戶，但這個事業永遠無法變成獨角獸。你知道做什麼才有可能⋯⋯

對啟動者來說，他對下一個點子的興奮之情掩蓋了現實：他想放棄當前的點子。啟動者可能在一項創意專案中投入數年、甚至數十年的心力，結果一無所獲，一事無成。更糟的是，那些未完成的專案持續在他的腦海中徘徊，揮之不去，占用了創意空間。久而久之，許多「新」點子開始看起來像舊點子的變型，彷彿只是新瓶舊酒，但只有旁觀者可以明顯看出問題所在，啟動者自己看不出來，因為他忙著另起爐灶，但每次都只有三分鐘熱度。這種無止境的喜新厭舊，使很多東西開始顯得老套。

這種缺點也可以是優點。啟動者充滿了熱情與新點子，只是他還沒學會善用那些熱情及落實那些點子。**如果你覺得自己是啟動者，你可以學習如何把焦點放在願景上，克服阻力以實現願景；學習如何掌握新點子，並以好駕馭的方式付諸行動。**這樣一來，你就可以有條不紊地逐一克服阻力，產出的規模也會很驚人。

拖拉者

有時點子很多不是問題所在。拖拉者很喜歡手頭上

的專案，覺得自己發現了豐富的寶礦，打算好好開採。所以，對他們來說，啟動不是問題，而是不知道何時該停手。

當我們獨立追求一項創意專案時，沒有人告訴我們何時需要完成。身為創作者，我們總是比其他人更清楚創作中的缺陷，有些人的完美主義特別強烈，無法容忍一絲的不完美，心想：「這還沒好，再做一版吧，再校正色彩一週吧，再多拍一個場景吧。」

這些想法的背後，往往是因為擔心作品的公開。不過，有時候，與其說是完美主義作祟，不如說是想要修修補補的衝動。畢竟，我們之所以創作，某種程度上是因為我們喜歡創作的感覺。當你說某件事情完成了，就表示你再也無法修改了，那會讓人產生恐懼。

拖拉者是缺乏某些技能的潛在高手。不過，最優秀的創作者，也擅長不斷精進一件作品，持續做到最好。他們之所以成就非凡，不是因為他們接受比「最好」還差一點的作品，而是因為他們懂得判斷何時已經達到效益遞減的臨界點。

作品需要觀眾，對外公開作品是創作流程中很重要的一部分。雖然每一種創作所需的時間各不相同，有些專案確實需要好幾年才能完成，但總是有那麼一刻，你再繼續修改下去，只會愈改愈差。**學習何時該接受你已經盡力了，是一種關鍵的創作力。你會慢慢培養出這種能力。**

排序者

看到這裡，你可能心想：「我真希望我有那些問題，只要我坐下來工作，生產力一向很高。要不是因為家庭／生病／經濟問題等因素，我早就全力以赴，完成創作目標了。」

也許這是真的，要不是因為生病或第一個孩子搞得你手忙腳亂，你可能會堅持熱情，甚至早就變成行家了。生活中無疑會出現各種阻力，我們非得排列事情的輕重緩急不可，要事先辦，所以這種狀況特別棘手。這攸關生存問題，人生苦短，生命有限。如果我們不學習把各方面 —— 財務、健康、家庭等 —— 安頓好，永遠無法啟動任何專案。

然而，**把創作和其他的生活必備要件，例如健康與家庭，一起列為優先要務，不僅是可能的，甚至是必要的。**你不需要把創作延遲到你百分之百準備好，或等待天時地利人和的契機，那種契機永遠不會出現。人生很混亂，少了創意，人生就不完整。創意不是可有可無的東西，而是不可或缺的必需品。你可以把它想像成，在飛機上遇到意外時，你需要先自己戴上氧氣罩，再幫別人戴上。如果你一直把創意擱在次要的位置，那種輕重緩急的排序是有缺陷的。

多數人沒有教練站在身邊，告訴我們何時該停手，何

時該堅持下去。家裡有新生兒，工作出現緊急狀況，或得重感冒時，若是沒有一心一意的專注，甚至癡迷，你很難找到理由說服自己埋首在工作室裡。問題是，一旦你把生活中的其他方面看得比創作需求更重要，你會愈來愈容易這麼做。

我們可以從卓越藝術家的人生看到，每一個擁有健康身體、永遠支持的伴侶、無限財力資源的幸運兒，都可以對應到無數個面對困難障礙的創作者，而且他們面臨的障礙，至少跟阻礙你創作的障礙一樣艱辛。不同的是，他們都堅持下去了，為什麼？你可以說是因為恆毅力、韌性，或純粹的固執。他們都知道成功的祕訣：投入你熱愛的事情，就像添加鹽巴一樣，可以讓一切東西嚐起來更美好。他們不是咬緊牙關擠出創意，而是開心地懷抱著奇思妙想，熱情地把時間挹注在創作上。他們把創意融入生活，讓創意有了生命。

把創意列為優先要務，可以一併提升你所做的一切事情。**如果你是排序者，只要你相信創意能提供的價值，你全力以赴及養家活口的熱情，就是你的超能力。**

抗拒者

在《千面英雄》（*The Hero with a Thousand Faces*）中，比較神話學家約瑟夫·坎伯（Joseph Campbell）說明宗教與神話界的英雄所面臨的原型旅程，並剖析那些旅程的每

個階段。那些階段是放諸四海通用的，無論是描述以斯帖（Esther）從哈曼（Haman）手中拯救猶太人，還是描述阿芙羅黛特（Aphrodite）介入特洛伊戰爭以拯救兒子埃涅阿斯（Aeneas），或是路克‧天行者（Luke Skywalker）在《星際大戰》中炸毀死星。在坎伯看來，每個人在自己的故事中都是主人公，所以這些神話故事才會引起許多人的共鳴。

　　英雄的旅程始於冒險的召喚。當你意識到內心有某種特別的東西想要表達時，就會感受到那股召喚。接著，主人公拒絕召喚。路克多年來一直夢想著離家，但歐比王‧肯諾比（Obi-Wan Kenobi）請路克一起來協助莉亞公主時，路克拒絕了。直到帝國風暴兵（Stormtroopers）摧毀了他的家園，他才願意聽從召喚。

　　天曉得你為什麼會拒絕召喚，也許是因為父母為了養育你而拚命工作，所以你去追求熱情彷彿是自我放縱，任性妄為。也許你對「創作者」的模樣或所作所為有刻板印象，所以你不想跟他們一樣。也許你擔心自己沒什麼好東西值得創造，或是你的作品永遠不夠好，無法拿出來發表。無論是什麼原因，你一直裹足不前。**身為抗拒者，你是固執、務實、理性的。面對創意挑戰時，這些都是顯著的特質。一旦你掙脫這些畫地自限的想法，就沒有什麼能阻止你了。**

奮鬥者

　　你可能有扎實的創作實務，也有很棒的社群，甚至已經靠創作收入養活自己了。你之所以讀這本書，是因為你覺得自己尚未達到該有的境界，這種不滿可能是因為你對其他創造者感到憤恨不平。「為什麼是他得獎，不是我？」「我申請那個獎助金11次了，為什麼是她拿到？」你的不滿也可能是源於內在那個嚴苛的自我批評。「這明明可以做得更好，為什麼我無法做得像我的偶像那麼好？」冒牌者症候群幾乎可以肯定也是原因之一。

　　不管是什麼原因，你就是覺得自己不夠：才能不夠，金錢不夠，時間不夠，粉絲不夠，外界的肯定不夠。

　　這些不足之處，有的可以透過策略或加倍努力來解決。然而，很可能你的內心有一個缺口，永遠也填不滿。除非你改變心態，否則你永遠無法滿意自己的創作或生活。

　　誰是奮鬥者？急切希望自己變得比現在更好的人，希望自己能夠成長、改變，充分發揮潛力。這不是很棒嗎？**一旦你掙脫「比較與失落」的陷阱，一旦你意識到前進的唯一道路就在你面前，你的進步就會跟上那無限的雄心壯志。**

　　你從前述一個或多個角色中，看到自己的創作身分了嗎？很好！你可以透過那個角色的視角，從這本書中找到解決方案。如果你找不到適合自己的角色類別，你可能是兩個角色或更多角色的組合，那也沒關係。希望這些分類

可以幫你把阻礙視為潛藏的優點，找出阻礙你利用這些優點的技能落差。現在正是發展技能的時候，這本書的策略將幫你駕馭這些優點，而不是壓抑它們。你想創作出最佳作品的話，需要把一切潛力發揮出來。

創意革命

　　創意生活與創作職涯都是構思出來的，是刻意為之。那些所謂的「幸運兒」，過著瘋狂的創意生活，或是做自己熱愛的事情，還有錢賺，都是他們費盡心思、運用計策打造出來的。他們創造出一個願景，努力實現。他們每個人的起點，都跟你現在一樣，甚至比你還差。

　　現在是穿上工作靴，開始行動的時候了。無論你現在的處境如何，你都可以為自己設計一個充實的創意生活。無論你已經是專業藝術家，或只是有創意的好奇者，那都不重要，你可以從頭開始。**問問你自己，你想怎樣表達創意 ── 不僅是在遺願清單上列出「完成那本小說」而已，而是你這輩子接下來的每一天要怎麼過？**如果你是職業攝影師，也許這是指放下婚禮攝影的工作，開始做一些真正讓你感到滿足的藝術攝影。如果你是某個領域的專家，你所處的領域不是你表達自我的唯一管道，當你付清日常帳單後，做什麼事情會讓你覺得樂在其中，渾然忘我呢？

　　別以商業潛力作為判斷標準，像寫字這種活動，不僅可以激發創意，還可以深化藝術底子。賈伯斯覺得，蘋果

的設計優勢，和他大學時旁聽的藝術字體課程有關。而且，學習藝術字體可以省錢，以後你再也不必花錢買賀卡了。

同樣地，園藝也是表達創意的方式。這是在局限下發揮創意，你的限制包括：一塊土地、特定的氣候、特定的光照與土壤條件。你要怎麼運用這些限制，取決於你。園藝沒有「正確」答案，完全任你設計、種植與照料。如果那不算是一種藝術形式，什麼才算？

無論文化灌輸你什麼觀念，你的年齡、性別、外貌、背景都不重要，你的每一方面都是創意的燃料。如果你想演戲，你不需要長得像荷莉‧貝瑞（Halle Berry），這個世界已經有一個荷莉‧貝瑞了，電影與戲劇界的某處需要你的臉龐、你的聲音、你的身體。同樣地，服裝設計師不需要穿得全身黑，詩人不需要住在森林小木屋裡，請放下你對某種創作者的樣子或行為所抱持的刻板印象。

你和你的藝術創作是兩碼事，你把自我和創作成果拉得愈遠，你會愈快樂，也會創作得愈多。所以，放下你的預設立場吧！好好想想，問問自己，你可能喜歡什麼創意活動？先不要擔心作品或那有什麼用。如果你很喜歡燒一桌好菜請大家享用，那就是重點。目前這個階段，你希望自己煮過什麼好菜或招待過什麼人，都不重要。你還不需要擅長任何東西，因為你可以學習。事實上，你應該把學習的過程視為一種樂趣，而不是障礙。**這裡唯一重要的問題是，你最想嘗試什麼？**

　　現在是啟動並開始思索各種可能的時候。凡事皆有可能，無論是打鐵、陶藝、作曲、舞蹈、編織、拍片、插花、園藝、吹製玻璃、珠寶設計、創作笑話、皮革工藝、寫程式、繪畫、紙藝、攝影、彈奏樂器、唱歌或創業，重點在於你有什麼嗜好？

　　這些項目還只是隨便舉例而已，你不該問：「我能夠做到怎樣？」你應該問的是：「我該從哪裡開始？」那股召喚的力量，通常不會化身為現成的職業階梯，出現在你面前，甚至不會提供實習的機會。你的直覺會告訴你方向，不是目的地。**仔細聆聽那股召喚的聲音，它會指引你上路，你的任務就是在那條路上邁進。**

2 走你的路

「這條路有心跳嗎？如果有，那就是條好路。如果沒有，那就沒有用……。有心跳的路，走起來愉悅。只要踏上那條路，就能優游自得，另一條路只會讓你咒罵生活。有心跳的路使你強大，沒有心跳的路使你疲弱。」

—— 卡洛斯·卡斯塔尼達 Carlos Castaneda，
已逝祕魯裔美國作家和人類學家

想像一下，一個世界中只有兩條路可走。一條充滿理性與確定，已經有很多人走過，路途明晰，那是一條普通的道路：歡樂普通，痛苦普通，愉悅普通，悲傷普通；最重要的是，成就也普通。沿著這條路走下去，你一定會體驗到一種整體的融合，一種中庸之道，一種中度的可能。

第二條路是你自己的路，發自內心，依循心之所向，是獨一無二的。你自己的路不是毫無理性與確定性，但它不受理性及確定性所限。它不是普通的，因為沒有資料集可以算出平均值，就只有你一人。在每個十字路口，你運用所有的能力來選擇方向，不只運用理性，你也參考直覺、本能、心聲。

選擇這條路看似有風險，但不冒險的風險更大。在追

隨心之所向的領域中，安全是一種幻象 —— 那是汲欲保護小名小利的傻瓜想要說服大家相信的謊言。**在你自己的道路上，你做的每件事都不完美，但每件事都是正確的。你全力以赴，竭盡所能，問心無愧**。正因為如此，你做的每件事都不會浪費，每個經驗對這段旅程都有幫助。

這個世界把我們推向第一條路，因為那是其他人最容易理解的路。那條路的目的，就是讓人得到普通的結果，不管什麼人走都一樣。相反地，第二條路是你一邊走一邊開創出來的，你是在開創只有你能過的生活，所以那條路上有更廣泛、更豐富的可能性。想要踏上這條路，你只需要聆聽召喚，開始朝著它走去就行了。

即使目前你不在自己開創的道路上，你也曾經與它交會過。回顧一下過往，仔細看你以前覺得充滿活力、創作豐沛、內心充實的時候，你會發現那是你聽到召喚並確實聆聽的時刻，無論那一刻有多麼短暫。即使它轉瞬即逝，你也是踏在自己的路上。

在第1章，你已經肯定自己是一個創作者了，那個標籤開啟了一個充滿各種可能性的世界。在這一章，我要你接受那個內心深處的真相：這輩子你真正想要「創作」某種東西。如果你還不知道那是什麼東西，那就充分實驗與嘗試，把它找出來。

一旦你聆聽那股召喚並採取行動，走自己的路，神奇的事情就會開始發生。首先，你會感受到一種新的力量，

彷彿順水游泳，不是逆流而上。接著，你會明白，為什麼沒有人能告訴你，你的天命是什麼，只有你自己聽得見。第三，你會開始以一種新的方式相信自己，你會發現，追求那些啟發你、吸引你、使你萌生興趣的事情，總是促成你想要的進步與成長。

做出選擇，啓程上路

　　此刻，你可能感到既興奮又恐懼。興奮是因為你看到遠方出現新的創意可能，心想：「你是說，我真的可以做那些事情嗎？而且我可以做得很好，很出色？甚至轉變人生？」恐懼則有兩個原因。第一，也許你擔心你不得不辭掉工作，為了追尋夢想而過著窮苦的生活。第二，也許你擔心我會要求你只選擇一個夢想。你甚至有可能同時感受到這兩種恐懼。

　　深呼吸！創作不需要降低生活品質。事實上，你可能會發現，你開始以不同的方式來評價事物。隨著創意被喚醒，你對「美好生活」的看法，也與以往大不相同了。

　　你不必限制自己只投入單一領域的創作。大衛‧林區（David Lynch）以執導電影聞名，但不導戲時，他作畫、雕塑、攝影。他也為一份另類的週報畫漫畫，持續了近十年。很多成功的創作者像他一樣，在不同的媒體發揮創意，而且比例出奇的高。他們往往覺得「第二種」發揮創意的模式，跟那個為他們帶來名利與讚譽的本業一樣令人

滿意。葛妮絲‧派特洛（Gwyneth Paltrow）並沒有為了經營自己的公司 Goop 或撰寫食譜書而放棄演藝事業，多元化的創作幫她維持高度的創意熱情。

　　人生無時無刻不在做選擇，如果你想把所有的創作興趣一網打盡，那等於完全放棄。我們都很清楚那個流程是怎麼走的：買了一堆參考書及裝備；收到書或裝備後覺得很頭大，不知道從何開始；於是，就把那些東西先收進壁櫥裡，等「有朝一日」再處理，然後回去看電視。**一開始，你應該只挑選一兩種創作領域就好，暫時先擱置剩下的十幾個點子。**等你在創作的路上有一些進展後，追求額外的興趣或許可以幫你暫時抽離主要的創作領域，休息一下再繼續前進。一段時間內專注在一個領域上，對你日後更有幫助。

　　當然，你的第一選擇也許不適合你，那也沒關係。如果你真的覺得不適合，隨時都可以回到起點，重新開始。但是，請先堅持完成一些作品以後，再轉往其他路線發展。在這個過程中，你會更了解自己。在創作的道路上，每踏出一步都是進步。對藝術家來說，沒有「轉錯彎」這回事，你只是在學習表達觀點的過程中，持續開枝散葉再進化。

　　重點是你必須啟程上路，你需要動手，盡你所能運用你擁有的一切。最佳時機永遠不會出現，你永遠沒有「準備好」的一天。**你應該避免太多的準備，在準備好之前就**

開始，抱著恐懼與不確定感啟動。這是最有創意、最快樂、最成功的人開創職涯的一大祕訣：開始做就對了！

我的迂迴之路

我在西雅圖成長，是家中的獨子。在家裡打電動玩具，無法滿足我的娛樂需求，所以我花很多時間天馬行空恣意想像。總之，我的腦子裡總是醞釀著東西。7歲時，我意識到那個東西是電影。

我和鄰居小孩一起寫了一份劇本，當時朋友的家中正好有Super 8手持攝影機，不過膠卷很貴，所以我們靠洗車籌錢。接著，我們自製服裝與道具，畫打鬥的分鏡圖，拍了一支六分鐘的驚險短片。所有鏡頭都是按時間順序拍攝的，只剪掉一些鏡頭，沒做編輯。

我們把那部戲稱為《佐羅後裔》(*Sons of Zorro*)，首映前，我們在鄰里到處張貼傳單。放映地點是在地下室，我們不僅向觀眾（都是親友）收入場費，也向他們販售棒棒糖——每個人都知道餐飲部是電影院的最大獲利來源。

雖然奧斯卡的任何獎項肯定輪不到我們，但那部成本15美元的電影，為我們賺了30美元，利潤100％，這可不是每個首度拍電影的人都有本事辦到的！更重要的是，那段早年經歷為我建立了創作生活的藍圖，至今仍然受用。我記得當時心想：「有什麼方法，可以讓我做這種事情一輩子呢？」

　　問題是，後來我就沒繼續拍片了。創作及發表作品需要把自己攤在眾人面前，其實我對這種事情不是那麼熱中。我們住在一個舒適但普通的郊區，那裡最盛行的事是運動。如果教育體系與當地的文化是推崇創作的話，也許我會往不同的方向發展，但當時我受到的教育是，創意是你在美術課上用冰棒棍、毛絨條、膠水做的事情。

　　把Super 8攝影機收回箱子後，我加入了足球隊。要是當時我踢得不好，無法加入足球社交圈，也許我可以發展得更好。偏偏我足球踢得不錯，所以多年來，運動員變成我的身分。在拍完《佐羅後裔》後，我在父親及他的Canon老相機的啟發下，再度拿起相機創作，已經是十幾年後的事了。

　　十幾歲的時候，我迷上了滑板文化，那是可以兼顧運動與創作的世界。滑板文化充滿了自我表達，從噴塗滑板到刻意設計整個生活方式，都是在表現自我。那就像上天賜給我的禮物，暗示我一條道路，但我還沒領悟出來，就拿足球獎學金去上大學了。

　　如今我看得出來，當時我就讀醫學院的計畫根本考慮欠周，我只是想討好家人。社會傳統與家庭期待給了我明確的選擇：當職業運動員或醫生，我自己的立場則是微不足道。

　　後來，在我大學畢業的前一週，我摯愛的祖父心臟病發過世了。這突如其來的衝擊令我悲痛欲絕，之後我驚訝

發現，畢生熱愛攝影的祖父，把他的相機收藏都留給我了。悲傷為我找到了新的方向，就在我即將踏上毫無興趣的職涯前夕，祖父的離去讓我得以解脫。我就像祖父與父親那樣，感受到攝影的吸引力。

當時，那個念頭不知是從哪裡冒出來的。畢竟，除了高中的攝影課以外，我已經好幾年沒碰相機了，但那個念頭觸動了我內心深處的心弦，促使我投入一個全新的領域。**突發的靈感並不是目標或策略，靈感會消失，生活中可能發生重大的事情，使我們相信我們真的想成為X、Y或Z，但如果我們不聽信直覺的暗示並採取行動，那種感覺會消失，我們又會回到原點。**

於是，我採取行動了。我把祖父留給我的幾台相機放進行囊裡，偕同當時的女友（現在的妻子）凱特，帶著我們僅有的一點積蓄前往歐洲。我們自助旅行的同時，我也自學攝影技術。當時從瑞士的阿爾卑斯山到希臘的沙灘，都是我的攝影背景。若要拍人物的話，我有凱特當主角，周遭盡是美景。

一卷底片10美元，沖洗底片要20美元。我們常在戶外露營，吃豆子和鮪魚罐頭果腹，盡一切可能讓我完成攝影成果。從拍攝到完成可能需要一段時間，所以我會仔細記下每張照片的細節，以自我提醒拍攝時所做的選擇，例如「聖彼得大教堂第二拍，光圈f/8，快門1/250秒，陰天。」六週後在布達佩斯，我終於有機會看到我在羅馬做

的選擇是否正確。

　　如此自學幾個月後，我覺得自己對構圖有了基本的了解。那六個月的自由、冒險、熱情，以及祖父的相機所融合而成的完美組合，促成我生命中一段難以置信的創意成長。我開始獨當一面，有了自己的風格。這時我才意識到，這是我一直錯失的東西，至少從拍完《佐羅後裔》以後都是如此。

　　從歐洲返美後，我決定探索運動攝影。結合運動、文化、自由生活型態的東西非常誘人，彷彿把我拉回了青年時期的滑板公園。當時我也不知道怎麼靠那個興趣謀生，但我們決定把「現實生活」再往後延遲一段時間。在尚未嘗試攝影這一行之前，何必急著投入傳統的職涯呢？於是，我們開車前往極限運動的聖地：科羅拉多州的汽船泉市（Steamboat Springs），那裡是美國最頂尖的滑雪與滑雪板運動員的大本營。還有什麼地方比這裡更適合進入這個領域及練習技藝的呢？

　　我們一到當地，就找了工作：凱特在餐廳服務，我在滑雪用品店上班。雖然我們都很努力工作，但是我們的時間還是比金錢多，我們並不在乎。每晚，凱特會把她當服務生的小費放進房租罐裡，等我們存夠房租後，就把剩下的錢拿去買底片。我必須精挑細選拍攝標的，平時常以泡麵果腹，若要吃點別的，還必須在拍照與食物之間權衡。這種苦哈哈的日子並不容易，但感覺很值得，彷彿我正逐

漸鎖定某個目標。

　　你找不到比這裡更令人驚豔的自然美景了！高聳的雪峰把四面八方的景色盡收眼底。在滑雪用品店工作時，我結識了一些滑雪愛好者。白天我幫他們調整滑雪板，晚上和他們聚在一起閒聊。儘管我只有業餘的攝影器材，但他們似乎都不介意我拍照。我沒有想要記錄什麼，我們只是想合作拍出可以登上雜誌的照片。那表示我必須在冰凍的山坡上蜷縮無數個小時，然後回家，在浴室改裝的暗房內沖洗底片。

　　某個時點，我意識到浴缸已經無法應付我的拍攝量了。這時，正好一位在社區大學上課的朋友來找我，說要帶我去參觀校內設備齊全的暗房。

　　他本來想找我一起去上課，但我沒有足夠的錢註冊。不過，我對於參觀暗房很感興趣。

　　現在說來，真的很難為情：我們離開暗房時，我撬開了窗戶的鎖。翌日晚上，我躡手躡腳潛入暗房，喜孜孜地在裡面沖洗及列印照片好幾個小時。天快亮時，我把暗房收拾乾淨，用布膠帶封住窗門以免上鎖，然後偷偷溜出去。由於這樣做頗有成效，後來變成了習慣，每次的流程都一樣：凌晨一點左右，我從窗戶溜進暗房，卯起來沖印相片約四個小時，把現場收拾乾淨後，約五點時偷偷溜出去。既然我已經承認我有滿腔的創作熱情，我願意為了完成作品付出任何代價。

　　撇開那些值得商議的行徑不談，那樣的付出在我第一次賣出攝影作品時得到了回報。一家滑雪品牌的行銷團隊來鎮上拍攝一些宣傳照，我把握機會向他們展示我的作品集，沒想到那些作品令他們相當驚豔。他們當場就買下我拍的一張照片作為宣傳照，出價500美元並加贈一副下一季上市的滑雪板。那是我第一次收到宇宙傳來的訊息，告訴我真的可以靠熱愛的創作獲得報酬。

　　隨著時間推移，我開始累積更多交易。雖然我很想說，當時我把握了那股動能，全心投入攝影事業，成為全職的攝影師，但我沒有，我又突然改變方向。當時我依然深信「窮苦藝術家」這種老掉牙的文化敘述，我認為我可以解決問題，同時顧及創作的渴望，並讓家人為我感到驕傲，所以我申請了華盛頓大學的藝術博士班。儘管我已經嚐到追逐夢想的喜悅，也找到靠夢想謀生的方法，我還是偏離了那條追逐夢想的道路。

　　我從來沒幻想過博士學位能給我財務上的保障；不過，重返校園感覺很安全，因為那是回到社會接受的那條平順道路上──那條路是從小學走到高等教育，再走向朝九晚五的工作。在學校，你知道自己在哪裡，也知道自己要去哪裡。你知道自己必須做什麼才能「成功」：只要符合社會的種種期待就好了。

　　當然，我並未完全放下過去，我選擇攻讀藝術哲學並非偶然，顯然我仍感受到另一個方向的吸引。在我攻讀博

士學位的期間，為了支付家裡的帳單，我在戶外用品公司REI新開的西雅圖旗艦店找到一份工作。儘管我正在為學術生涯做準備，我依然深入探索極限運動產業。店裡掛的照片看起來很假，老套又死板，連我自己看了都覺得尷尬。我鼓起勇氣去找銷售經理，讓她看我的攝影作品，有何不可呢？畢竟，我可是訓練有素的哲學家，整天在學校討論黑格爾（Hegel）、胡塞爾（Husserl）、海德格（Heidegger）。即使她一笑置之，我也沒什麼風險，我是這樣告訴自己的。沒想到，她竟然出價1萬美元，取得幾張照片的授權，令我喜出望外。

1萬美元，那是我前一年一整年的收入，而且我是在做我熱愛的事情。

此時我終於明白，不管我有沒有拿到博士學位，該是我正視「攝影」這項技能的時候了。我把那筆錢拿來升級攝影裝備，把空閒時間拿來提升技能。由於我完全靠自學，離專家的水準還要下很大的功夫。我延續歐洲那段時間啟動的自學計畫，開始解構極限運動攝影界一些專家拍出來的作品。我利用攝影、工作、上課、寫論文之外的每一分鐘空檔，分析雜誌上的照片 —— 當時我甚至買不起雜誌，所以拿著筆記本在書店內站了幾個小時。幸好，每張照片旁邊都列了攝影師的名字，讓我可以輕鬆把作品與創作者連結在一起。

針對每張照片，我都自問：是什麼元素，使它看起來

如此完美？為什麼有人會挑選這張照片，而不是數以百計的其他照片？技術是關鍵，這是最顯而易見的，但是在技術層面上，每個人都有一定的水準。所以，究竟是什麼因素，讓那張照片脫穎而出呢？

首先、也是最明顯的因素是：地點。那些照片幾乎都是在著名地點或令人嚮往的地方拍攝的，你看到那些背景時，可能心想：「我一直想去那裡。」光是這項因素，就淘汰了許多有志拍出精彩照片的人。多數想成為極限運動攝影師的人，沒有時間、金錢或犧牲奉獻的精神，親自前往那些偏遠、通常位於海外的地方，去充實自己的攝影作品。

第二項影響因素是：主題。眾所周知，雜誌與廣告往往把著名運動員擺在顯眼的位置，但許多有抱負的攝影師不知道或不願意探索如何找到那些偶像，拍攝他們。多數人認為那樣做不切實際，所以只拍攝朋友或陌生人，之後才納悶為何自己出色的照片賣不出去。答案很簡單：雜誌社不想買無名滑板運動員的照片。

最後一項影響因素是：照片中的動作。動作必須令人印象深刻、甚至驚嘆，才能雀屏中選，沒有人想看滑雪高手站在平緩坡地上的照片。

顯然，我需要前往專業的場景，才能一網打盡致勝元素。我一抵達那些令人嚮往的地方時，就開始找頂尖運動員。一找到頂尖運動員，就想辦法接觸他們，才能捕捉到他們運動時的姿態。

　　這種把成功作品分解成組成要素的方法，是我身為創作者與創業者的成功關鍵。**你竭盡所能把要素組合在一起，看會發生什麼。接著，牢記哪些方式有效，忘了沒效的做法，然後持續改進，直到你找到致勝公式，就反覆套用那個公式。**

　　這招聽起來很簡單，卻有驚人的威力：

解構 **D**econstruct

模仿 **E**mulate

分析 **A**nalyze

重複 **R**epeat

縮寫是 **DEAR**。

　　我開始前往各種運動賽事，例如紅牛賽事、世界極限運動會（X Games），只要是最頂尖運動員參賽的地方，我都會排除萬難前往。為此，我經常半夜起床，開幾小時的車，或搭乘最便宜、最久、行程最糟的航班 —— 無論如何，我都要到達目的地。接著，我會在黎明前爬上山，偷偷潛入主辦單位為專業人士準備的攝影區。有時會遇到那些刻意用來阻擋我這種不速之客的圍欄，我會把相機伸過圍欄，讓照片拍起來像從專業攝影師所在的位置拍出來的那樣。

　　到那些地點還有另一個好處：接觸社群。在每場賽事

上，我都會向運動員、其他攝影師、品牌代表、雜誌編輯介紹自己。我一到家就沖洗相片，我知道該把出色的相片寄到哪裡。於是，我的照片開始賣了起來。多年來，我斷斷續續追逐這個夢想，但是對極限運動界來說，我彷彿是從石頭裡突然蹦出來的傢伙。

他們說：「嘿，我們從來沒聽過你的名字，但這些照片太棒了，你以前在哪高就？」我回應：「哦，四處跑。我為REI公司攝影……接了一些商業案子……不過，這種編採式攝影對我來說是新的體驗。」我小心翼翼談著自己有限的經驗。

我描述的經歷是否屬實並不重要，只要我的照片符合脫穎而出的公式就行了，那些照片持續熱賣。一般來說，你可能要花幾年的時間，當一位知名攝影師的助手，才能學習門道及進入現場。在你自立門戶並獲准進場之前，每個人只知道你是「某某人的助手」。我直接跨越那道門檻，從無名小卒變成雜誌跨頁的攝影師，沒當過任何人的助手。那不是成為專業攝影師的公認方式，但我很快就發現，那一點也沒關係。

我腦中的負面聲音試圖告訴我，我的攝影師資格有點名不正、言不順，我應該感到羞愧、自卑。我沒理會那個聲音，而是感到自豪──不是為了成就自豪，而是為我獲得成就的方式感到自豪。我是靠著指南針、不是地圖，找到了我夢想的目的地。那個指南針指引我走出自己的

路。沒錯，那是一個尷尬、迂迴的過程，儘管一路上充滿
了彎路及痛苦的教訓，但最終它讓我比「傳統的」時間表
提早幾年到達目的地。事實上，我就是在這段特殊的旅程
中，開始了解那個創作的自我；我也了解到，我非得寫自
己的劇本、走自己的路不可。

如果我匆匆略過我在創作這條路上所遇到的掙扎，直
接談到某天我靈光乍現，頓悟我有什麼能力以及我這輩子
想做什麼，這樣確實可以讓自己看起來很體面，但事實從
來不是那麼簡單，現在也依然不是。我走過的路充滿曲
折，以後的路也是如此。有時很辛苦，也令人感覺困惑。
在少數情況下，靈光乍現確實讓我的思路變得更清晰了，
但它從未給過我完整的答案。現在我仍在尋尋覓覓，就像
你一樣，但我感謝的是，過去的學習讓我現在足以協助其
他創作者了解他們的創意職涯。

說到底，這取決於你的價值觀。**對你來說，人生中最
重要的是什麼？**創作會讓我們重新檢視自己的價值觀：
「我該放棄？還是硬撐下去，直到成功？」

創作不像其他人類行為，沒有客觀的成功衡量標準，
也沒有唯一正確的做法。這表示我們隨時都很容易受到更
簡單、更安全的道路所誘惑。**這樣說也許有悖常理，但如
果你把金錢、舒適或方便性看得比創意還重要，其實這四
樣東西你都很難保得住。**

我前往歐洲、汽船泉市、早期的職涯經驗，讓我看清

了我的核心價值觀。對你來說，什麼最重要？無論你如何定義你的價值觀，創作即使不在那份清單的首位，也應該放在很前面。創意對你的健康福祉很重要，當你發揮創意完成你深信的工作時，你會會成為更好的伴侶、父母、手足、員工，因為創意對各方面都有助益。**願意把創作視為優先要務的人，在生活的各個領域，都能獲得無盡的回報。** 創作轉變了我的生活。

聆聽召喚＋克服恐懼＋專注＝有機成長

　　幾十年前，正確的道路很明確：大學畢業，在一家公司找到「好工作」，每週工作四十小時，持續工作四十年，獲得一只金錶。今天，有多條道路通往多到難以想像的目的地，而且那些目的地一直在變。這一刻之所以令人興奮，是因為守門人不再掌握鑰匙了。你的職涯要怎麼走，和求職博覽會上的選擇比較無關，主要是看你夜晚睡不著時，盯著天花板，聽到內心的召喚，如何去探索那股召喚。當你聽到那股召喚聲，踏上自己的路，前往夢想的目的地時，你是怎麼抵達的並不重要，沒有人會質疑你的資格，無論你是不是從對的學校畢業或認識對的人。重點是你做了什麼，而且你是以自己的獨特方式做了那些事情。

　　走自己的路，就像寫電影劇本。你可以決定寫一部獨立電影或一部暑假超級強片。你可以設定小目標或遠大的目標，那都是你自己創造的世界。你自己設定背景，塑造

人物，編寫劇情。

　　所以，我想問你的是：既然可以創作氣勢磅礡的巨作，何必屈就其他東西？身為攝影師，我很快就意識到，一張售價100美元的照片和一張售價1萬美元的照片，對我來說付出的心血差不多，差別在於我把作品賣給誰。**局限我的因素是我的眼界與抱負，不是周遭的無限可能。**

　　你想成為專業的編織藝術家，或是靠網路漫畫來創造豐富的生活嗎？誰說你不能做這些事？反對你的人又做過什麼呢？實現任何目標，都需要努力與堅持，所以何不乾脆把眼光放遠，以摘星為目標？有句俗話說：「說做不成的人，不該干擾做事的人。」

　　當你不再畏縮，開始追求你真正想要實現的目標時，會發生兩件事：

- **大家會想要幫你。**其他人看到你那麼在乎這件事時，也會想要加入，這就是你找到志同道合之士的方法。我們都需要其他人（社群），幫我們創造想要的工作與生活。

- **那條路會吸引你前進。**你踏上自己的路時，會發現你不大需要強迫自己工作。你會開始體驗到目標吸引你前進的喜悅與興奮。

　　如果你從未感受過那種吸引力，可能會覺得這聽起來好到難以置信。但這是千真萬確的，追逐真正的夢想是強大的催化劑，沒有什麼比追求天命、而不是屈就其他相關

事物更令人振奮的了！例如，你想寫作，卻屈就當編輯；你想當藝人，卻屈就當經紀人；你想創業當老闆，卻屈就當上班族。你可能是真心想當編輯或經紀人或經理人，那也很棒。**你必須自己找出答案，千萬別告訴自己屈就是明智的選擇，吃虧並不是占便宜。你之所以屈就較差的選擇，只是因為你不知道有哪些可能性。**仔細聆聽召喚並決定順著那條路走，會讓你覺得一切都有可能。一旦你感覺到那股吸引力，你再也不會想要逼自己做其他事了。

　　我搬到科羅拉多的山區，以延後研究所的深造，藉此逃避我不確定自己是否想要的生活。不過，當我探索那部分的自我時，內心出現了變化，我從「逃避學校」變成「朝著我熱愛的方向發展」。那就好像我突然意識到，我穿著別人的鞋子走了好幾年，還走到腳起水泡一樣。相較之下，攝影有如一雙訂製的 Chuck Taylor 帆布鞋，穿起來服服貼貼，舒服得要命。我不是從買相機、讀書或思考攝影師的生活才意識到這點，我只是做了那件聽起來很有趣的事情──那件召喚我的事情。那股召喚聲不見得像山頂傳來的巨大喇叭聲一樣，有時它像快門聲那麼小。我聽從好奇心的指引，踏上那條路，感受到吸引力，接著就迷上了。那樣做，就足以讓我繼續前進。

　　當然，你一定會感到恐懼，嘗試新東西時，恐懼永遠不會消失。在成長的過程中，一定會出現不安與不適感──無論是創作藝術，還是創造自己。你只能學習相

信你的恐懼，讓它來引導你，繼續做記號，循著內心的不安前進，直到你創作出真實的東西。當你因為忽略創意的召喚而偏離自己的道路時，沒關係，只要盡快回到那條路上就好了。

如果你熟悉冥想，這樣的過程可能聽起來十分耳熟。幾乎各種冥想方式都需要你引導注意力，例如，把注意力導向呼吸或禱詞上。你分神時，例如，你的注意力轉移到購物清單或收音機播放的歌曲上，唯一的「任務」就是意識到當下發生了什麼，把注意力拉回你專注的焦點上。追求創作職涯也是如此。透過持續的練習，當你偏離軌道時，你自己會發現。此時，你可以把注意力拉回來，繼續實現夢想。無論你偏離道路多遠，創作的召喚永遠都在。

過程中你會遭遇失敗，那又怎樣呢？以為社會為你制定的計畫比較安全，那只是一種錯覺。在這個年代，一切追求保險起見，反而是最危險的。「上大學才能找到好工作，從此以後，你就享有經濟保障了」——現代人也許相信動作片裡的超級英雄與怪物，但再也不相信這種荒謬的幻想了。絕對的經濟保障向來是迷思，說令人厭世的全職工作保證提供穩定性更是荒謬。問題在於，人類大腦的演化是為了幫我們保命，而不是為了讓我們快樂——大腦會阻止你為了走自己的路而付出努力，因為創意是在挑戰確定性，大腦甚至會相信「走傳統道路才穩定」這種令人放心的錯覺。當你發揮創意時，更難忽視風險，因為你一

定是在未知的新領域上行進。

　　事實上，創作這條路，遠比任何令人厭世的工作更有韌性，最終而言也更安全。創作者會學習如何降低風險，精明下注，隨時提防負面衝擊。在從事技藝時，創作者學習在生活各方面靈活應變，主動積極。憑著聰明才智與幹勁，他們不可能長期遭到逆境的壓制。

The Big 3：不能忽略的三要事

　　沿著你選擇的道路前進時，肯定會遇到輕鬆獲得成果的時刻 —— 受到創意、歡樂、自在的吸引，但過程中你肯定也會遭遇到困難。儘管每個人掙扎的細節各不相同，但基本的挑戰大致上是一樣的。因此，這裡若是忘了探討我所謂的「三要事」，那就是我的疏失了。幾乎每個創作者都會在過程中遇到這些挑戰：金錢、創意掌控、周遭的人。

金錢

　　同時談論金錢與創意，肯定會惹毛一些人。我可以向你保證，你不需要從創作中賺錢，就可以把自己視為創作者。這本書是為每個有創意的人寫的，無論你是正在尋求如何開始「創作」的人、業餘創作者或專業創作者。當我提到任何創作的商業應用時，你可以決定是否忽略。不管我提出多少警告，我還是會收到憤怒的留言與評論，說我在一本幫人釋放創意潛力的書中談錢是錯的。

　　現在，請你忘了那些說法吧！我是來告訴你真相的。你走上創作之路以後，一定會在某個時點遇到金錢這件事，即使你只是需要花錢購買材料來滿足嗜好。那又怎樣呢？金錢不是骯髒的。無論你是否選擇靠創作為生，我想提醒各位注意，你對金錢可能有不切實際的想法。那些常見的扭曲想法，阻礙了創作者充分發揮潛力。

　　「窮苦藝術家」，例如必須在墨水與糧食之間二選一的窮苦詩人，是一種陰魂不散的迷思。那種「藝術家一定要過得苦哈哈」的想法，不僅是錯的，也對你有害。那樣的想法會耗盡你的精力，使你為了各種錯誤的理由去追逐金錢，或是鼓勵別人刻意低估你作品的價值以占你便宜。

　　教科書與好萊塢的傳記電影，經常美化偉大藝術家的日常金錢交易。小時候你從未聽過米開朗基羅為了西斯汀教堂天花板所用的昂貴青金石塗料，與梵蒂岡討價還價。舉兩個比較近代的例子，你也沒聽過首位奧斯卡最佳導演獎女得主凱薩琳・畢格羅（Kathryn Bigelow）努力爭取頂級預算；沒人告訴你，已逝攝影師安塞爾・亞當斯（Ansel Adams）以25美分的賤價，讓自己拍的相片印在餐廳的菜單上，雖然那不是令他自豪的往事，但那項決定並未毀了他的事業。

　　這也難怪我們一談到金錢與藝術，就產生複雜的情緒。不管你只是想在生活中提升創意，還是想把副業變成全職工作，都不重要。請你問問自己，**你對金錢與藝術的**

看法是基於現實，還是受到社會文化的影響？如果你是受到社會文化的影響，那種畫地自限的想法，是否阻礙你實現夢想，使你無法開創蓬勃發展的創作職涯？甚至阻礙你投入嗜好呢？

如果那些想法阻礙你，你為什麼還要抱著那些想法不放？

我們都希望米開朗基羅、畢格羅那樣的藝術家靠雕塑及製作電影獲得應有報酬，以便繼續創作下去。我們也承認，亞當斯在職業生涯的那個時刻接受25美分的酬勞，可能是正確的決定。

無論你聽過或讀過什麼，創作者只要不自命清高，不把金錢視為骯髒的，都能夠賺到錢。藝術家沒有錢支付帳單時，大家都是輸家。沒錢的話，創作者在創作空檔，難道要喝西北風？

身為窮苦的藝術家，根本不是什麼清高、前衛或酷炫的事。窮苦的感覺糟透了！事實就這麼簡單。相信藝術家要過得苦哈哈，也是一種自我應驗預言。有志成為藝術家的人抱持這種扭曲的信念時，作品只會收取很少的錢，甚至不收錢。社會以太低價格獲得這些創作時，會導致其他藝術家難以收取合理費用。

如果你不想靠創作為生，你可以找一份支持創作的工作。不管你決定只賺取足以勉強度日的收入，以便把時間盡量投入創作，或是刻意減少投入藝術的時間，以免產生

壓力，同時穩定收入來源，這兩種情況都是在創作，這才是最重要的。

事實上，創作者有千百種，每個人對金錢的態度各不相同。現在開始檢查你的金錢觀吧！不要自命清高，不要認為金錢是骯髒的。面對金錢與創意，最好抱持開放的心態。讓你的做法呼應你的天命，支持你繼續邁向實現目標的道路。

創意掌控

無論你「創作」是為了表達自我、專業成就與名聲，或者單純只是為了帶給他人快樂與靈感，最終你還是必須為你的作品、願景挺身而出。你與他人共事時，創意掌控會變成焦點。你有多成功都不重要，電影導演會努力爭取最終剪輯版的決定權，明星可能遭到電視節目刪掉所有的畫面，新創企業的創辦人會努力保留他對公司的控制權。

捍衛自己的作品，也意味著設下妥當的界線。例如，跟伴侶或夥伴協商你和樂隊一起團練的時間，或是客戶逼你做不願做的事情時，你明確釐清你的底線。現在你想回答的問題是：**工作對你來說，最重要的是什麼？有多重要？為什麼？**

一些戴貝雷帽的藝術家可能會有一些執念，你不需要跟他們一樣，不必對你創作的藝術品有任何立場，不必記住你要如何回應外界的質問，也不必準備好隨時為你的作

品辯護。你的價值觀可以隨著時間推移而成長與演變，你只要知道，除非你是佛教僧侶，否則某個時點你還是需要與他人協商，並為自己的願景辯護。你不必為你的藝術犧牲奉獻，但你確實需要開始決定什麼對你很重要，以及為什麼那很重要。

周遭的人

當你開始擁抱創意時，可能會發現最愛你的人，出現各種意想不到的反應。親友可能率先告訴你，你不該走這條路，你需要回歸他們可以輕易理解的運作方式，追求他們覺得合理的目標才「安全」。

遇到這種情況，《芝麻街》的科米蛙（Kermit the Frog）給了我們最好的建議：「當你決定遠大的夢想時，會感受到滿腔熱情，會想跟每個人分享。多數人會露出『嗯，那樣很好呀！請把番茄醬遞給我』的表情。有些人會嘲笑說，不管你的夢想多大，對你來說都太大了。少數人會低聲給你一些鼓勵。我的建議是：遞出番茄醬，忽略嘲笑者，記住那些鼓勵的話，因為那才是唯一重要的。」

你可以發揮同理心，當你看到自己關心的人做出大幅度的改變時，你也會擔心。你看到你關愛的人朝著你一直不敢前進的方向走去時，感覺可能更糟。別人希望你安全，那是可以理解的，但不表示你應該讓他們阻止你追求夢想。你還是可以愛你的家人，信任你的朋友，聆聽他們

的鼓勵，傾聽他們的擔憂。**但最終你必須決定，怎麼做對你最好，你的人生不是大家民主決定的議題。**

最終而言，金錢、創意掌控、周遭的人這三要事，都跟你的價值觀有關。你在自己的路上前進時，某個時點一定會遇到它們。在我的職涯中，我看到很多人以多種方式，運用金錢或權力來影響他人。我獲得無限的創作自由——即便有合約規範，但掌控權遭到了剝奪。有些人覺得我的點子太難、太怪或太貴，而請我離開。家人認為我的職涯走偏了，而對我感到失望。我曾經為了捍衛誠信而放棄大量的金錢，也曾為了五斗米折腰。這些事情不曾停止，你能做的，是隨著歲月的累積，更了解自己的價值觀。

雖然過程中你可能做錯決定，甚至因為一些挫敗而感到痛苦不堪，但你必須贏得這場戰爭。切記，所謂的「贏」是指，隨著時間經過，整個過程是呈正斜率上升。

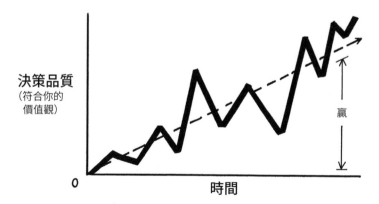

了解自己，一切終將苦盡甘來。

做你自己人生的英雄

坎伯指出，為了啟動英雄之旅，我們必須追尋自己的幸福。一旦我們聽從內心的召喚，朝著新的方向邁出第一步，那就算上路了。但是，想要成為英雄，需要一開始就跨過一道神祕的門檻。在多數的神話與故事中，那道門檻前，都至少有一位凶猛的守門者。

對多數人來說，第一位守門者不是致命的怪獸，而是阻止你踏上自己的路的任何東西，例如恐懼、你現在的工作、你優先考慮的事物，甚至是最愛你的人。

坎伯認為，**守門者不見得是英雄的敵人；事實上，你通常可以把他們變成盟友。但是一開始，他們會考驗你的決心。**如果你能夠克服恐懼，持續成長與轉變，你可能會發現，曾經令人畏懼的守門者，已經變成值得信賴的幫手。

做自己人生的英雄，走自己的路。遇到障礙時，越過它、鑽過它或繞過它。迷路時，仔細聆聽召喚；內在的心聲，將永遠為你指引方向。

3 脫穎而出

「兒時令你顯得怪異的事情，如今令你卓越非凡。」

—— 詹姆斯・維克多 James Victore，
美國藝術總監、設計師和作家

如果給你一次充分發揮想像力的機會，為自己設想一種你一直夢寐以求的生活，那會是什麼樣子？如果把那個想像再加倍呢？那又是什麼樣子？

當然，想像與幻想是有區別的；問題是，沒人擅長區別兩者的差異。為了避免失敗與遭拒的可能性，我們放棄了最瘋狂的憧憬；如此一來，也消除了我們可能帶入玩樂領域的熱情與活力。夢想不論大小，都會遭遇挫敗。**既然在逐夢的過程中，失敗在所難免，那當然要為了你真正想要的人生而嚐到失敗的滋味。若是為了你不曾想要的人生而嚐到失敗，那有什麼意義？**

這一章主要是談為你自己設想一種更有創意的生活，現在是面對現實並以意志扭轉現實以實現夢想的時候。對你來說，什麼是真正可能的事？無論你的答案是什麼，無

論你想像哪種成果、成就或願望是你能力範圍內可實現的，讓我們暫停下來承認，你可能太小看自己了。一開始，每個人都是如此。小巧的目標，令人安心又熟悉，感覺比較穩當 —— 儘管它一點也不穩當。

想要勝出，你必須與眾不同，而且要有自信。這不是為了出風頭而故作高調，而是充分展現真實自我，藉此脫穎而出。當你以真實自我進行創作時，你很難不嶄露頭角。你是獨一無二的，你就是你能貢獻的最高價值。

這種嶄露鋒芒的方式令人振奮，也可能因為徹底豁出去而感到脆弱，端看你的心態而定。這一章主要談論的是如何培養創意心態，當你愈能自在展現真實自我時，愈容易從競爭中脫穎而出。

為了與眾不同而刻意叛逆，那不是很好笑嗎？以前有一個世代是以穿皮衣、騎摩托車的方式來展現叛逆，結果突然間，每個人都穿起皮衣、騎摩托車了。另一個世代是以扎染服飾及勃肯鞋來避免跟大家一樣，不久大家都開始搶購勃肯鞋，你去每一場演唱會，都可以看到一堆人穿著扎染的T恤。這種風潮的更迭不曾停過。叛逆永遠是一種反應，那只是另一種形式的控制 —— 你被你反抗的東西控制了。那不是一種選擇，而是一種陷阱。

與其反叛或順從，你只要選擇就好了。你應該選擇做自己。

不過，切莫自欺欺人，做自己很難。無論你是多麼優

秀的創作者，維持真實永遠是一項挑戰。豁出去充分展現自己，而且不論成敗，一直處於那個令人不安的狀態，需要無限的勇氣與信心。你必須學會接受一次又一次的冒險。

然而，從另一個角度來看，做自己也是世上最容易的事，你永遠不必假裝或做任何不符合你性格的事。你不必執行複雜的策略，只要做你想做的事情，並且習慣那樣做就好了。那感覺雖然很可怕，但不複雜。

那種恐懼是這樣的：當我們讓別人看到我們有多怪、多麼不同時 —— 其實每個人都很怪、也各不相同，那其實是在冒險。萬一別人不喜歡看到的情況，那怎麼辦？相反地，躲起來感覺比較安全。然而，事實上，為了融入而躲起來是最危險的。**我們正進入一個新的時代，在這個時代，創意思維是最重要、最寶貴的技能。你躲入人群時，根本無法發揮創意思維。**

這不表示我們無法降低做自己及脫穎而出的風險。創作者還是可以培養出面對挫敗的韌性，以免第一次挫敗就一蹶不振。那是一種藝術。

我們會設法學習控制風險，但首先我們需要先發掘真實自我，無論那個自我埋得有多深。

跟著恐懼走

創意思維可能很難，那需要能量 —— 大腦重約1.4公斤，但消耗的熱量約占全身卡路里消耗量的20％，而且

我們的創意點子對周遭的人來說，可能具有破壞力。周遭的人通常只想「把事情做完」，這是工業時代沒時間讓大量個人進行創意思考的原因 —— 那會降低工廠的效率。

某種程度上來說，所有學校都是預備學校，都是幫你為工業時代的職涯做好準備。老師和家長的本意是良善的，但我們的教育系統是以20世紀的工廠為模型設計出來的，著眼於效率，而不是創意或思想多元性。學校一再要求學生坐著別亂動，舉手發言，使用二號鉛筆，那些要求會對你產生影響。我們從小每天上課7小時，每年上學180天。等到我們上大學時，已經在學校埋首苦讀一萬五千多個小時了。如果熟悉一門學科需要一萬個小時，我們在這段時間熟練了什麼技能？我們只學會不搞破壞，想辦法考好成績。長期接受這種訓練後，很少人依然保有原來的活力、奇思妙想與原創性。多數人需要發掘潛力，重新學習如何善用天馬行空的創意。

想要挖掘那股埋藏在深處的活力，你只須跟著恐懼走就行了。問問你自己：什麼因素讓你顯得怪異？你最不願意跟別人分享你的哪些方面？你覺得自己的哪方面很糟糕、討厭、可怕或不可取？例如你討厭妹妹，雖然她一直對你很好，但爸媽比較疼她；或者，你不確定你是否還愛著另一半；或者，你嘴巴一直強調內在美很重要，但暗地裡希望自己年輕個十歲，正考慮去動整形手術。**不管你討厭自己哪一點，請把它抓出來，利用那些痛點，魔力正在那裡**

等著你去發掘，真實、脆弱的部分是你發揮創意的燃料。

以史蒂芬・史匹柏（Steven Spielberg）為例，他從很早以前就是創意天才，以《大白鯊》、《ET》、《侏羅紀公園》等超級賣座強片改變了電影業。但他解決了自己在文化、身分、宗教上的掙扎後，才拍出《辛德勒的名單》那部傑作，一舉提升了他的聲望，並且為他贏得第一座奧斯卡最佳導演獎。

這和技能無關，史匹柏在拍攝《辛德勒的名單》之前，就已經是出色的導演了。他後來拍出《印第安納瓊斯：水晶骷髏王國》那種差強人意的電影，依然是出色的導演。關鍵在於展現真實自我。即使在一部關於外星人、虛張聲勢的考古學家或恐龍的電影中，觀眾只想從我們這裡得到真相。你表現得愈真，觀眾離你愈近。

20世紀最重要的作家之一詹姆斯・喬伊斯（James Joyce）曾說：「特色相當於普世通則的縮影。」**你的故事是獨一無二、奇怪、特別的，當你與他人分享真實自我時，他們是與某個特例中的普遍真相連結，這是讓他們產生共鳴的真正原因。**

聚焦：找到你做得最好的事

把創意焦點縮得愈小，你學得愈快，創作的效果愈好。以你最喜歡的藝術家和創業家為例，他們現在享有很多自由，可以做許多不同的事情，但他們一開始是如何脫

穎而出的呢？是採用聚焦的方式？還是亂槍打鳥的方式？

你需要聚焦。如果有人出錢讓你學新的東西，那就接受吧！如果你不想成為犬類攝影師，就不要在你的網站上開一個放滿犬類照片的專區，但如果你想成為犬類攝影師，網站上就只放犬類的照片。威廉・韋格曼（William Wegman）的攝影生涯，就只拍攝單一品種的狗。

你無法煮沸整片海洋，無論你的創意天賦是什麼，追求廣度只在你探索時有幫助。你很可能只擅長一件事，其他三件事做得差強人意，另外五件事做得很糟。四張好照片，勝過包含三張好照片、三張普通照片、一張爛照片的組合。對旁觀者來說，差勁作品留下的壞印象，遠比優秀作品留下的好印象更深刻，所以你應該專注創造好作品。

我踏上自己的路、找到創作的焦點後，我的攝影與生活也有了重心。那前後的差異非常大，彷彿本來在樹林裡漫步，突然變成在田徑場上衝刺。我從研究所休學，一開始只有幾個本地客戶，後來變成和全球最頂尖的運動品牌合作。沒多久，我已經在一些美不勝收的遙遠地方，為一些名人和明星運動員拍照了。專注於特定領域，使這一切變得可能。

我不是說你現在就知道你該把焦點放在哪裡，你會從創作的過程中，發現你應該聚焦何處。不過，**當直覺告訴你，你正朝著正確的方向前進時，你就應該卯起來鎖定焦點了。**

覺醒：重大改變的開始

儘管我有豐富的野外經驗，也受過雪崩訓練，我還是很緊張。暴風雪已經席捲阿拉斯加好幾天了，降雪深度是以英尺計算，而不是以英寸為單位。後來暴風雪終於暫歇一段時間，我們打算趁那個空檔去拍照，但是空檔會維持多久呢？

我們的導遊是一家頂級直升機滑雪公司的老闆，拍攝的主角是一群全球最頂尖的滑雪高手，我們打算拍攝一些精彩的照片。那些照片將作為Nike的廣告、雜誌的封面，並且出現在頂尖極限運動雜誌的跨頁。

我們出發後，原本惶惶不安的感覺消失了。當時的狀況很好，運動員從白雪皚皚的陡峭山坡上滑下來，優雅有力地從懸崖、陡坡、山脊上縱身一躍。快門捕捉的畫面，就像滑雪板下的白雪一樣平滑順暢。

我永遠忘不了一座特殊的山峰。直升機降落在一片刀狀的山脊上，嚮導率先跳下直升機，鏟開一小塊平地，好讓我和三名運動員一起站在山脊上。當直升機駛離時，我們幾個人靜靜站在積雪的山頂上，腳下是兩千英尺高的新雪。

在聽完雪崩應變對策，並同意下山路線後，第一位運動員滑下山坡。我的相機快門隨著她一個轉身，再一個轉身，第三個轉身而持續閃動，最後她消失在山脊的後方，滑入山谷。第二位運動員與第三位運動員陸續滑下山時，

我換了位置。

運動員都滑下去以後，只剩我和嚮導站在山頂上。我們用無線電通知其他人，說我要換到一個新的位置，在主滑雪道附近的「安全區」稍作停留，為嚮導拍一些照片，他是業界的傳奇人物。我把攝影器材安全地收好後，往下滑入陡峭的斜坡，以便前往新的地點。我轉了一個彎，又轉了一個彎。

接著，雪崩發生了。

我聽到一個畢生難忘的深沉巨響。當下，我雖然是以驚人的速度在山坡上滑動著，但時間彷彿完全停止了。接著，我進入雪崩倖存者所謂的「白室」（那是以雪的顏色命名），但是對遭到大雪覆蓋的受害者來說，那根本不是白色的，而是一片漆黑。上百萬噸的雪，以及汽車般大小的冰塊，把人一起帶下山。一開始速度緩慢，接著開始變快，從時速二十英里變成三十英里，接著又變成四十英里。

雪崩的影片看起來好像很慢，彷彿溫和的白浪從山上慢慢滑到山下。但實際上，完全不是那麼一回事。你遇到雪崩時，一切在瞬間化為烏有。你接受再多的訓練、做再多的預防措施，都沒有用。面對雪崩的驚人威力時，你特別脆弱。

我的身體翻滾下山時，腦中的思緒狂奔。我想起山峰的大小、裂縫線的深度、前幾天累積的幾英尺厚雪，以及那畢生難忘的轟隆聲。整片山壁肯定被鏟平了，我幾乎馬

上意識到，我很可能當場喪命。若要逃過死神的魔爪，我只有不到五秒鐘的時間。

不知怎的，我辦到了。

滑雪技巧、求生對策、運氣、腎上腺素狂飆，一起激發出至今我依然難以解釋的超能力，讓我安然死裡逃生。

幸好，沒人困在雪中，我只受了點皮毛傷。那場雪崩唯一消滅的是我的自滿。新的召喚往往在人生的轉捩點出現。在理想的世界裡，我們是透過內觀靜修，或是帶著空白的日記獨自旅行、啜飲著美味咖啡，藉此激發反思，讓自己脫離舒適的慣例，重新評估優先要務，並且設定新的挑戰。如果我們不在正常的情況下主動這樣做，命運可能會把我們拋下山，讓我們死裡逃生，那也可以激起反思。

當晚，我躺在床上睡不著，想了好幾個小時。五年前，我甚至還沒開始攝影，現在我的職業生涯似乎達到了顛峰。但是，雪崩發生的那一刻，我幾乎失去了一切，我感覺到自己的渺小和自以為是。我的人生在其他人的眼中可能很成功，但我知道，如果我願意再次承擔真正的風險，我可以創造出加倍的影響力。我已經學會技藝，累積了一萬小時以上的訓練，以攝影師的身分開創了精彩的職涯。但是，當下的我，依然以安全為重，因為我沒有聆聽天命的召喚。這些年來，我變得自滿。

當然，當時我仍願意冒著生命危險，到阿拉斯加的雪坡上拍照。但是，為了拍攝精彩照片而差點喪命的意外，

迫使我意識到，我渴望的不僅僅是商業攝影上的成就，我更想創造非凡的影響力。我人生道路的下一步，是在我所有的不完美中，擁抱我那獨特、好奇、勇於冒險的自我，努力幫助他人實現最大的夢想。

在雪崩之前，我人生中的每次創意成長，都伴隨著一項風險：放棄醫學院的穩定，帶著祖父的相機去歐洲；搬到科羅拉多州的汽船泉市去嘗試極限運動攝影。然而，當我體驗到成功後，我開始回避風險。在攝影圈小有成就之前，我唯一的冒險賭注是我不想要的生活。現在，我有一些害怕失去的東西：安全感、職業、社群。如果我想要脫穎而出、出類拔萃，就要有意願賭上我擁有的一切，甚至更多。

創作者的成長是指，即使沒有人喜歡你創作的東西，你也願意接受那種可能性，或願意說出大家不想聽的話。其實保持低調，讓客戶滿意，持續賺錢，直到我老到拿不住相機，或直到我用光好運（就像雪崩那天早上那樣），對我來說更容易。

那天晚上，我躺在床上，白天的雪崩仍令我驚魂未定。我意識到，在職涯中冒真正的創作風險，比面對雪崩更可怕。

人生有兩大故事軸線。第一條與「獲得」有關，獲得關於你和世界的知識 —— 搞清楚如何滿足自己的需求。 我該如何謀生？我會結婚嗎？我要買房嗎？我要養兒育女

嗎？**第二條與「貢獻」有關。你開始思考如何為他人服務，並在世界上留下長久的印記。人生先是獲得，接著是付出。**

那次雪崩促成了我的重大轉變，它擴展了我的意識範圍，從只是滿足自己的需求，變成擴大我對世界的貢獻。我開始思考，如何把我獲得的恩賜（表達創意的天賦）傳承下去，如何激勵他人追求創意抱負。

那次的思維巨變，促使我開始寫部落格，在網路上分享攝影的幕後花絮，為全球的創作者建立社群，開發 Best Camera 應用程式，最終建立了 CreativeLive。這一切的發展，都是從阿拉斯加那次雪崩開始的。

隨著歲月流逝，我們可以輕易看出，人生中真正的大事，例如孩子出世、疾病診斷、失業或死裡逃生等，如何抓住我們的注意力，迫使我們盤點人生。然而，**現實中，只要我們願意更仔細傾聽，我們應該注意的召喚（警鐘），其實一直都在。**

規則就是用來打破的

學校教我們，人生是一場與同儕較量的賽局。無論背景、優勢、劣勢或未來的目標，每個人都受到統一規格的評量，有時甚至是以曲線分級的方式，評量我們與同儕的成績。這種毫無意義的競爭制度，已經融入 20 世紀的教育模式中。學校教我們，人生就像「大風吹」遊戲，不趕

緊搶位子的話，位子會被搶光，你只能站著。

　　這種「非贏不可」的心態，與創意思維正好相反。創意思維是豐富、有韌性、充滿潛力的。一味地追求「更好」是個死胡同，因為那表示你是在追隨別人的腳步，試圖趕上別人。

　　當你決定玩自己的遊戲時，生活就變得容易多了。不要只是想變得「更好」，你應該想要「與眾不同」。

　　我摸索影片拍攝時，學會更加投入工作中。表面上看來，那似乎偏離了我的攝影「正職」，但其實那是職涯的催化劑。早期的影片是我個人在探索攝影，內容是談身為後起之秀是什麼樣子，我如何在周遊世界的過程中找到個人風格。製作與分享那些影片時，發生了一些事情。首先，我變成更好的敘事者。動態畫面與靜態照片之間有相輔相成的綜效，我的學習曲線因此大幅拉升。第二，公開個人的創作歷程時，我藉由分享書上難以學到的攝影技巧，例如打光的訣竅、商業策略、拍攝精彩照片的方法等，來幫助他人。第三，由於這些幕後花絮的影片和一般教學影片截然不同，我立刻在市場上為自己的作品創造知名度。

　　當時，沒有知名攝影師這麼做。事實上，那些知名攝影師覺得，分享訣竅簡直是罪該萬死，「違反常規」。畢竟，如果你教大家如何拍攝專業照片，你以後得跟更多專業攝影師競爭，但我從來不擔心這件事，技巧只是脫穎而

出的一種方式。我好奇探索影片、敘事、透明化的過程中，也找到另一種與眾不同的方式。當時我自己也大開眼界，但如今我覺得再合理不過了。傾聽召喚，走自己的路，那只有你辦得到。我開始玩自己的遊戲，因此變得與眾不同。

「不同凡想」（Think different）不僅僅是蘋果的一句廣告口號，而是信條，它讓蘋果成為人類史上獲利最好的公司。有些人指控賈伯斯製造「現實扭曲力場」，但他明白現實早就扭曲了。蘋果若是只想打造更好的大型主機，永遠也贏不了，那樣做等於是依循IBM的遊戲規則。相反地，蘋果是打造個人電腦，因為那是它希望看到的未來模樣。IBM的管理高層笑了，因為那些小巧的電腦，根本不是大型主機的對手。但賈伯斯是在玩不同的遊戲 —— 他自己的遊戲。如今，由於他從一開始就玩自己的遊戲，蘋果賣出數百萬支效能遠遠超越IBM舊式大型主機的智慧型手機。

事實證明，所謂的「規則」，例如努力追求升遷，其實是一些人想要阻止你踏上自己的道路，希望你持續專注在他人道路上的伎倆。你照著那些規則走，是拿自己的前途開玩笑。

我們向父母或同儕透露創作的抱負時，他們往往會叫我們面對現實。「你不可能成為X、Y或Z，那是痴人說夢。」聽好了！這世界上根本沒有「真正」的現實需要你

去面對，當別人說「現實就是如此」時，他只是在講一個畫地自限的龐大信念，那個信念阻擋在他們想做的一切事情之前。你應該像賈伯斯那樣思考，打造自己的現實。既然有些人可以做自己的事情，為什麼你不能？

每次你陷入「我不行」的陷阱時 —— 你覺得自己永遠無法「成功」，無論那件事是什麼，你都是在追逐別人的尾巴，可能你自己也沒有意識到這一點。請問問你自己，你是不是在做令你興奮的專案，還是在做你覺得別人會喜歡的東西？你自己會聽那張專輯嗎？你自己會上那個網站嗎？你願意坐著聽完那場演講嗎？

你應該創造意義，而不是創造營收。追隨你的價值觀，從你真實的獨到特質中擷取一些東西，與外界分享。有些部落客提出「商業可行性」的三個標準，現在就忘了那些說法吧。你不需要追逐時代思潮，你應該創造時代思潮。

沒錯，有強大女主角的狼人電影，現在也許很熱門，但是一部電影從腦力激盪劇情到變成賣座大片，需要好幾年的醞釀時間。等你決定跟風拍攝類似的電影時，一部因為熱愛死而復生的主題而創作的殭屍電影可能正要上映，把電影風潮帶往新的方向。

別再跟風追逐潮流了！開創自己的路並留下足跡的過程中，你更有可能創造出更好的東西，而且毫不費力，因為你在過程中享受了探索及發現的樂趣。當我們熱愛自己所做的事情時，自然而然會全力以赴，進步也快多了。而

且，大家之所以喜歡，不是因為它跟其他人一樣或執行完美，而是因為它再怎麼粗略，都令人耳目一新。即使你的真實表達並未改變主流，或願景無法如你所願創造出商業成果也沒關係。如果你的東西不是你真心想創作的，你真的能做出值得的好東西嗎？答案可能是否定的。在追求肯定的路上，站滿了那些只想獲得肯定的人，但諷刺的是，我們歌頌的文化英雄是那些另闢蹊徑的人。

標籤效應

《孫子兵法》是擊潰敵人的策略，這裡的「敵人」可能是指敵方的將軍，或市場上攻擊你們的商業模式的新創企業。我在本書提供的策略，是要幫你贏得腦內的戰鬥。**說到創意，你才是你自己最大的敵人。**

走出困境、開始創作的最簡單、最有效的方法，就是擺脫多年來你給自己貼上的所有負面標籤。「我不是藝術家，我是外科醫生、母親、務實的人⋯⋯」，大腦非常擅長適應任何標籤，你以某種方式看待自己，大腦就會盡力確保你裡裡外外都變成那樣的人。

以「怪異」為例，這個詞彙常用來形容「創意十足」的人。在我們的社會中，「怪異」帶有負面的意涵，但是怪異的相反詞是什麼？是「正常」嗎？還有什麼比「正常」更無聊的嗎？誰想在別人的電影裡當臨時演員？

然而，以前的我，也曾經落入那樣的陷阱中。從小，

我就是一個古怪的孩子，喜歡在全班面前表演魔術、跳霹靂舞、做脫口秀。在我們那個小鎮上，那些事情都不算「正常」。等我年紀稍大一些，知道那些興趣很古怪以後，我竭盡所能往相反方向發展。如今回顧過往，那是我人生中為數不多的一大遺憾。

標籤是莫名其妙出現的，通常是來自意想不到的方向，這也是標籤難以駁斥與閃避的原因。

某天，我起了一個大早，打算去跑步。我下床才走兩步，就癱倒在地板上，看不清東西，全身動彈不得，一直嘔吐。後來，我得知那是內耳炎（病毒性迷路炎），那不是罕見症狀，但我的情況特別嚴重。醫生說，我的頭暈可能永遠不會消失，這個毛病可能會跟著我一輩子。哇！好大的標籤，他說我會生病一輩子，我還真的完全信了。幾個月後，我恢復健康，但生病一輩子的陰影籠罩了好幾年。即使病毒已經離開我體內很久了，我還是有創傷後壓力症候群（PTSD）。每次我迅速移動頭部或身體暫時失衡時，我都會陷入恐慌，以為病毒又回來了。

透過治療，我逐漸明白，真正造成傷害的，是我接受了醫生給我貼上的標籤，而不是感染。克服「病人」的標籤，重新做自己，需要下很大的功夫，這就是標籤害我們偏離正軌的力量。想想你身上的標籤，你或他人加諸你身上的想法，一些未經檢驗的詞語，可能阻礙你成為你想成為的人。你可能告訴自己，你是有創意的或沒創意的，那

句話就變成你的現實狀況。接受錯誤的標籤，只會使人變得更弱，你必須積極消除負面標籤及畫地自限的念頭。

你是有創意的。請大聲說出這句話，把它寫一百遍，想盡辦法迫使大腦接受這個新模式。標籤很重要。

努力討好，反而更不討喜

在成長的過程中，我們用一層又一層的保護罩，來確保自己的安全。每次我們在課堂上說一些奇怪的話，其他孩子便嘲笑我們，或是變成大家都不想要的隊友。每次我們勇敢站出去卻被擊垮時，身上又多了新的疤痕。久而久之，我們的真實自我，以及使我們顯得特別、值得認識的特質，就掩藏起來了。

知名精神學家珍・貝克・米勒（Jean Baker Miller）提出的「核心關係矛盾」（central relational paradox）雖然簡單，但意義深遠：每個人都想要親密的關係。這表示我們都需要別人的喜歡，問題是，我們擔心別人不喜歡我們的全部，所以刻意隱藏自己覺得不好或不同的部分。當我們隱藏真實自我時，別人會覺得很難跟我們溝通。他們看得出來我們是封閉的，覺得對我們敞開心扉不大放心。於是，就產生了前述的矛盾，我們明明需要親近的人際關係，卻得不到。你看出問題所在了嗎？

這種矛盾現象在藝術領域最為明顯，藝術家為了取悅他人而創作時，往往顯而易見。你可以看出他們投射出自

己的某種形象，例如酷、前衛、時髦等，而不是顯露出讓他們看起來「不好或與眾不同」的一面。藝術家願意展現出真實自我、展現出脆弱時，感覺也非常真誠、懇切，彷彿你已經認識他一輩子似的，即使他是五百年前出生在地球的另一邊。當我們為了討人喜歡而隱藏自己的獨到之處時，那也閹割了自己的作品。

這種想要討人喜歡卻弄巧成拙的做法，不只阻礙創意而已。我們習慣用各種方法來隱藏自己，寧願在朋友面前隱於無形，也不願在陌生人面前露出缺點。久而久之，我們對別人的拒絕非常敏感。一個朋友告訴你，他因為幾封退稿信而放棄出版創作多年的小說，他就是這種害怕被拒絕的實例。既然你已經花了幾年、幾個月，甚至幾天的時間來創作某樣東西，為什麼不花同樣多的時間去尋找受眾呢？我們迫切想要獲得他人喜歡的心態，阻止了我們接觸那些會喜歡我們作品的人。

問題都是出在自我意識，這也是為什麼改稱為「作品」（*the* work）會比較有幫助。那個簡單的定冠詞 the，幫我們把我們做的東西和自己分隔開來。即使我拍出一張爛照片，我也不算是很爛的攝影師或爛人 —— 雖然這樣講有點誇張，但有時我確實會有這種感覺。有些作品比其他作品好，我也看得出來，而且可以自我改進，因為我不會把任何一張照片視為自己的代表。我值得獲得無條件的愛，至於我的一些照片，就沒必要看得那麼重了。

　　那種為了保護自己而隱藏起來的做法，有多種不同的形式。有時候，同時做很多不同的事情也是一種障眼法。把精力分散在許多事情上，但每件事情都沒有完成，這樣就不必對外公開作品、冒著被拒絕的風險了。即使我們確實把作品完成了，同時進行多項專案也可能是為了減輕遭到拒絕的痛苦。如果你把十張照片寄去參加十個比賽，每次落敗的感覺比較不會那麼痛苦。我非常支持大家多多創作，盡量出去參賽，但不要讓恐懼把你變成業餘的愛好者，你要有意願專注在你接下來想做的事情上。**集中精力，自我精進，把自我意識拿掉，停止隱藏。**

勇敢冒險，因為你會進步

　　有一項道理很簡單：你不可能同時脫穎而出又融入群體。如果你從來不創作，或只做你覺得放心的事情，或是創作了但從來不對外分享，你就是在隱藏。一旦你開始隱藏，就停止成長了，你有一部分的自我開始進入休眠狀態。即使我達到自認的創作顛峰，直到那次雪崩，我才意識到，我需要更深入地發掘真實自我。我遇過很多人卡在那種狀態卻不自覺。

　　想要一而再、再而三地冒險創作，你需要掙脫大腦的束縛，深探內心與直覺。人類演化出求生的本能，是為了避免我們受到劍齒虎的傷害。這裡為大家插播一個好消息：劍齒虎已經絕跡了，我們不再每天面臨那種致命危險

了。於是，我們的大腦把注意力轉移到有生命威脅感的東西，例如公開演講或邀某人去約會。大腦在誤判風險下，為了保護我們，指示我們要融入群體，廣結善緣，盡量讓別人為我們按「讚」。身為藝術家，需要站出去展現自我，勇於暴露自己的脆弱。藝術講究真實，真實就像把雙刃劍，有利也有弊。

如果你從頭讀到這裡，你可能已經認同，創意是人類的主要功能，也認同創意對我們的健康福祉很重要。如果我們不常發揮創意，內在的天賦就會萎縮 —— 無論是比喻上或實務上都是如此。「用進廢退」，不只適用於神經元，也適用於創意靈感。

創意需要冒險，而且是真正的冒險 —— 對你來說，那件事情是有風險的。你做的事情必須是重要的，犯錯會讓你感到受傷。臀部瘀青及膝蓋擦傷教會我如何玩滑板。如果你開始投入之前就知道結果如何，或你不在乎會發生什麼事，你會記取什麼教訓？哪來的成長呢？身為創作者，我們是靠冒險來精進自己。如果你做的事情從未失敗過，你就沒有學到東西，也沒有成長。犯錯表示你肯處理有意義的挑戰，藉此把自己逼向極限。

家庭與學校教我們，錯誤是「不好的」、「精通」某事的人不會犯錯。然而，真相是，在任何領域中表現最好的人，往往是經常冒險的人。他們願意面對拒絕，願意為了持續成長及脫穎而出，賭上財富與名聲。

即使我們相信，安全的人生平凡無奇，許多人還是會安慰自己，等以後再承擔真正的風險，等自己夠富有、夠成功、夠出名時再冒險。換句話說，我們想等到安全時再冒險。我可以告訴你，根據我個人的經驗，神奇的那天永遠不會到來。當你明白不冒險更危險時，你就會開始冒險了。成功只會增加你的利弊得失，使你更難接受風險。一旦你有了知名度與財富，創作風險會變得更可怕。最糟的是，這個陷阱是一個鍍金的籠子。對其他人來說，甚至對你自己來說，表面上看起來你好像已經擁有你曾經想要的一切。

我很慶幸那場雪崩喚醒了我，如今回顧過往，我可以看出，假如當時我持續做出一項又一項安全的選擇，保護我剛獲得的成就，我的創作可能會逐漸減緩，最後甚至忘了創作初衷而完全停擺。你要有意願冒險，不怕失去當下擁有的一切，否則你可能真的失去那些東西。

現在是做出決定的時候：為了過上最好的人生，你願意付出什麼代價？

像創業者那樣管理風險

我有幸認識一些全球最卓越的創投業者，與他們共事。優秀的創投業者了解風險，多數的新創企業以失敗收場，但創投業者只要投資幾家成功的新創企業，就足以彌補投資那些失敗企業的損失。創投業就是這樣運作的，有

閒錢投資的人都可以成為創投業者，但是想持續在創投業中闖蕩，你需要妥善權衡風險，才有本錢一直坐在賭桌前。那就像進賭城拉斯維加斯一樣，一旦你的籌碼沒了，你就得打道回府。

創作者可以從創投業者身上學到很多東西，我們自己就是資本兼創投業者，一再「下注」到賭桌上，包括時間、注意力、聲譽等。為了繼續以創作者的身分參與賭局，我們需要在風險較低的時候，盡量多次下注，但我們往往錯估了賭注，高估了自己的面子，卻低估了自己的人格。創作失敗頂多就是感到尷尬而已，但是為了迅速賺錢而作賤自己，可能害你失去一切。

我和賽斯・高汀（Seth Godin）曾在 CreativeLive 上聊過他童年和朋友去打保齡球的經驗。他母親給了他足夠的錢去打幾局保齡球，每一局都可以擲出保齡球數次，每次擲球都很重要，不能隨便亂擲。你上場時，會維持簡單，盡量讓保齡球筆直地滾出去，不耍花招，不胡鬧，不測試，不搞笑。他說，相較於當時的保齡球賽局，我們這個年代有如「無限的保齡球賽局」。例如，在網路上，你可以一再嘗試、建構、分享東西，次數毫無限制，也可以肆無忌憚地承擔無盡的創作風險。我很喜歡這個概念，它讓我想起「數位相機」相對於「底片相機」所提供的自由，我可以盡興用數位相機拍照，冒無數風險。

所以，我們沒有理由隱藏起來，應該放膽去做，聰明

地冒險，把失敗視為老友。相對於沒有信心所做的正確決定，大家反而覺得有信心做出的錯誤決定更值得尊重。你在部落格上發表文章，即興創作一個場景，或為你的事業提供一種非比尋常的新服務，那種風險感覺很高，但事實不然。你應該放膽去做，萬一失敗了，就從錯誤中學習，繼續前進。

但是，萬一風險確實很高，怎麼辦？那表示你不該嘗試嗎？這裡，大家往往會陷入二元思維，要嘛孤注一擲，不然就是保險起見，小心行事。你可能以為，成功的人就是豁出去冒很大的風險，才會有現在的成就，所以如果你不願拿房子去做二胎房貸以資助你新創的事業，乾脆放棄好了，但那是錯誤的二元思維！**最成功的創作者在冒險之前，會先權衡各種風險的利弊，而且會積極提防負面衝擊，那些細節往往是大家看不見的。**

你在拉斯維加斯玩輪盤賭時，如果你很聰明的話，目標應該是盡可能拉長盡情賭博的時間。你知道莊家總是最後的贏家，一旦你決定自己願意賭多少錢以後，玩得盡興的訣竅在於盡可能拉長你在賭桌上的時間。把所有籌碼一次全押在同一個地方，也許會讓你覺得自己很像豪氣的賭神，但是那麼做會讓你有一半機率回房間看上整晚的電視。分次下注可以玩得更久，連續創業者也是抱持同樣的心態。雜誌封面上的那些人物，幾乎一定比你想的更有風險意識及趨避風險。豪賭時，可能只有一兩次運氣特別

好，但好運總會耗盡。想要持續待在賭桌前，你必須學會評估風險，預先料想可能的問題。

　　為了讓維珍航空（Virgin Airlines）起飛，理察・布蘭森（Richard Branson）爵士向波音公司買了一架二手的747飛機。說到冒險，創辦航空公司顯然是一例，在任何新事業投資一億美元也是。但布蘭森一直以來都很成功，因為他知道如何規避風險。他購買第一架飛機時，事先協商了另一筆交易，萬一航空公司無法順利開始營運時，他可以把飛機賣回給製造商，回收大部分的錢，報章雜誌往往略過這些故事片段沒提。**你應該胸懷大志，放膽逐夢，並且做好減輕損失的準備**。切記，如果你把所有賭注全押在同一個地方輸了，你很快就會離開賭桌。

　　你需要誠實面對一切，清楚知道你承擔的風險。在你開始或放棄之前，先算出那件事情的成本，以及需要花多久的時間。思考新計畫時，請拿出筆記本，回答下列這幾個問題：

- 這項計畫的目標是什麼？
- 我為什麼要做這件事？希望從中獲得什麼？
- 萬一失敗了，最糟可能發生什麼事？
- 我可以做哪些事情降低風險，減少失敗的衝擊？
- 做這件事值得嗎？

　　每項大型創作專案都需要風險評估，多數人不大敢冒險，所以難以真正脫穎而出。唯有坐下來，寫下所有可能

發生的最糟情境，你才會意識到腦中揮之不去的模糊恐懼，其實沒有那麼具體或嚇人，都是可以克服的障礙。

沒錯，如果你從積蓄中拿出一些錢，為你的串流影片頻道添購器材，萬一你和伴侶又同時失業，你們可能會陷入經濟困境。但另一方面，那個頻道是你的主要目標，符合你的創作興趣與抱負。你可以做哪些事來降低成本呢？你可以考慮以物易物，或是與另一位攝像師共用器材、以租代買等。你可以做什麼來降低風險呢？萬一那個頻道不成功，你可以改播不同的主題，你也可以善用攝影技巧與設備，向在地的小企業接案，賺點外快。或者，你可以把器材拿去eBay拍賣，回收部分投資。一旦你列出風險，規劃因應風險的計畫，你看待事情的觀點也會改變，原本感覺不可能的事情，也變得可行、令人興奮、充滿希望。

如今，對創意點子來說，比金錢更常見的限制要素是時間。拜科技所賜，現在智慧型手機就可以拍攝影片，筆記型電腦就可以當錄影棚，點擊幾個按鈕就可以出版書籍，運用出奇便宜的數位工具，就可以創立穩健的線上事業。最棒的是，我們可以免費學習這些事情，只是需要投入時間，而且是投入很多的時間。你有多少時間，可以投入對你而言十分重要的事情呢？

時間很寶貴，不要盲目冒險，時間也需要風險評估。比方說，你想寫一本書，但是工作與家務使你白天根本沒時間寫，一種冒險的做法是趁上班的時候寫，假裝你在上

班，偷偷創作，祈禱沒人發現。但是那樣做，也賭上了你的生計，風險很可觀。

何不換個方法，早上四點起床呢？你不是永遠都得這樣做，太早起床確實很辛苦，但你只要撐到實現創作目標就好了。如果你連續兩年每天早起寫作，順利出版了一本暢銷書，那太划算了！達成目標之後，你就可以辭掉工作，全職寫作了。萬一你的書乏人問津，你有什麼損失？你只是失去一些睡眠及晚上窩在沙發上的時間，並未犧牲重要的家庭時間或正職。你向自己證明了，你有能力設定創作目標並且實現，這本身就是無價之寶，你也會因此變成更好的作家。創作的關鍵在於反覆練習，在於持續訓練創作力。你已經把你的狀態練到顛峰了，如果你也習慣早起了，就可以維持習慣，或為下一項目標嘗試別的事情。

風險小一點＝創作可能性大一點

為賭注避險，可以讓你自由發揮。例如，每次我去拍攝商用相片時，都會帶一批專業人員來協助我，也會帶價值數十萬美元的攝影器材上陣。這對每個參與者來說，都是很大的賭注，所以在片場上，你很難做真正的創意冒險。一般人以為，大型攝影案可以充分發揮創意，事實正好相反；大案子通常是在執行已經構思好的想法，幾乎不涉及創意。你必須拍出看起來有一定效果的東西，這種按部就班的工作，幾乎毫無樂趣可言，一切都是按照計畫執行。

　　到了2007年，這種僵化的流程，開始令我感到不耐。我熱愛我的工作，但是在生活中，我也需要發揮簡單、開放、自由的創意，不受正式的限制。約莫在這個時候，我買了新上市的iPhone，它的拍照功能比不上我工作用的相機，但它隨時都在我的口袋裡，於是那支手機變成我工作空檔時盡情發揮創意的出口。工作休息時間，我會四處走走，拍一些引起我關注的照片，例如圖案奇怪的人孔蓋，雪地上留下的靴印。就這樣，攝影對我來說，又變成一種無憂無慮的消遣，我可以盡情發揮。你能想像我拖著攝影團隊及價值十萬美元的攝影器材，拍攝雪地上的靴印嗎？iPhone讓我可以隨時沉浸在異想天開的實驗中，那些照片不必考慮任何事情。

　　諷刺的是，這項新嗜好促成了我專業領域上的一大成就。當口袋裡隨時都有相機時，我看出世界即將改變，我們會一直把這種手機帶在身邊，再也不會錯過孩子的第一支全壘打或第一場獨奏會。一旦我們都有內建攝影功能的智慧型手機，我們會拍下一切事情，也會想要分享一切。那番洞見，促使我開發出 Best Camera app，掀起了手機攝影的熱潮。盡量把事情設計得小巧簡單，為我的職涯創造了第一個巨大的里程碑。

　　後來，當我發現Ustream這項服務時，類似的事情又發生了。創業家布萊德‧杭斯特博（Brad Hunstable）和他的天才團隊，開發出一款實況直播的app，幫助海外服

役的軍人與家鄉親人面對面視訊交流。我心想,這實在太酷了!何不利用這個軟體,讓有志成為攝影師的人,一窺專業攝影是什麼樣子的呢?只要付出一點心力,幾乎沒有任何風險,我就能向兩萬五千人直播我是如何幫一個龐克樂團拍攝專輯的封面照片。那種零風險實驗的成功,催生了我的播客《賈維斯現場秀》,最終也促使我創立CreativeLive。當初我使用 Ustream,不是為了推出下一個大專案,也不是為了吸引創投業者。我只是覺得,既然技術已經到位了,似乎值得拿來實驗一下,天曉得會擦出什麼火花?異想天開與玩票性質的實驗,促成了我職涯上的兩大成就。

　　根據我的經驗,為了實現異想天開的創意點子而冒小的風險,比大舉押注、拿房子抵押、寄予厚望的投資,更可能創造出實質的成果。**如果你下了很多功夫,依然難以讓大型專案成功,你可能需要放鬆一下,嘗試小一點的案子。**

打造你的獨家風格

　　身為創作者,如果你沒有發展出個人風格,永遠無法晉升到另一個層次。發掘真實自我,並且真實地表達出來,是最有價值的事,也是最重要的創作抱負。你可以學習如何把作品做得非常好,但那不表示你知道自己是個怎樣的創作者。身為音樂家,你可能懂得製作節拍、創作歌曲、現場演出,除非你找到一種讓作品與眾不同的方法,

否則你永遠不會有不朽的代表作。身為編劇，你也許可以用一個明確的主角和一個明確的對手來創作完美的三幕式結構（three-act structure），但是在你知道自己的特色之前，你創作的任何電影，都不會給人留下深刻的印象。

就像指紋一樣，愛黛兒（Adele）的歌曲，只要聽兩三個小節，即使你以前從未聽過那首歌，你也知道那是她唱的。那種特色已經超越品牌，變成作品與流程的DNA。

所以，**你的獨家特質是什麼？只有「你」有本事把注到創作中的天賦是什麼？**

你心想：「且慢！那多樣性呢？我很容易對同一種東西生厭，我想嘗試各種不同的東西及不同的風格。」如果你把寶貴的時間拿來跟隨別人的風格，你會很慘，很快就會筋疲力竭。這個世界不需要另一個愛黛兒，當然，一開始你難免會忍不住想要模仿，那是我們學習的方式，但是你模仿其他藝術家時，應該是為了測試、嘗試那些東西，以便逐漸發展出自己的風格。你應該使你的風格愈來愈忠於自我，而不是使它變成你覺得你該有的樣子。當我們說藝術家的作品渾然天成時，那是指他發展出讓作品看起來、聽起來、感覺起來只有他能做出來的技能。

只要繼續做很多東西，你就會發展出自己的風格。說到底，那和你的真實自我有關，也就是那些令你顯得怪異的特質。現在就忘了追求更好或追求不同吧！想著只有你才有的獨家特質。你是獨一無二的，只有你經歷過你的人

生，只有你抱持你的觀點。請你設法和大家分享那些獨家特質，你的觀點是你能帶給大家的最高價值。一旦你能夠一次又一次地創造出具有獨特、鮮明風格的作品，世界自然會為你敞開大門，即使你的作品並未獲得青睞，你也釋放出你獨有的珍貴特質。

漸進式的進步很寶貴，但是脫穎而出的唯一方法，就是加倍突顯出你的獨家特質。持續尋找更多的方法，把個人特色挹注到作品中。遺憾的是，這件事沒有捷徑，需要時間。發掘及培養獨家風格的最好方法，就是做很多相同的東西。這是強迫不來的，你無法靠著多方嘗試來尋找自己的風格。你在作品中挹注外來的風格時，會看起來很假，那只是你覺得你該有的風格。風格應該是發自內在的，是從作品中醞釀出來的，來自你創作的流程。**別坐在那裡枯想風格，你應該不斷動手創作，你的風格自然而然就會出現，這就是「做久成真」。**

別理會那個叫你多方嘗試一切的聲音，你不可能以各種風格取悅各種人，如果你同時嘗試十種不同的風格，你永遠無法培養出讓人一眼就認出來的獨到風格。你應該鎖定同一類東西，做十件作品。做完十件，再做一百件。做完一百件，再回頭看看。此時，你會發現使你的作品與眾不同的關鍵。堅持下去，大家會開始從眾多的選擇，挑出你的作品。

有些人在自己經歷的創傷中，發現了自己的獨到特

質。如果你沒有那種經歷,就別往那個方向探索了。特色
之中可以看到普世通則的縮影,你的獨到天賦可能是你擅
長觀察職場的日常百態,或是一些表面上看來平淡無奇,
卻蘊含豐富與細膩特質的東西。這也是反覆創作同樣的東
西對你有利的原因,與其努力追求某種風格,不如把作品
做好,讓風格從那些感動你、鼓舞你、激勵你的東西中自
然而然浮現。你對什麼東西感到好奇?你小時候有什麼特
質,使你顯得格外怪異?

**請你探索自己,精心培養獨家風格,應該是創作生涯
的首要之務。**在發展出獨家風格之前,專注做許多相同的
事情,過程中你會達到某種精通的境界。精通一件事,會
讓你更容易熟練許多其他的事情。

眼界拉高,奮力拚搏

最終,你是你唯一的籌碼。若不突顯你,那要突顯
誰?現在不找出你的特色,那要等到什麼時候?

脫穎而出並不容易,人們不願嘗試新鮮、不同的事物
是有原因的,新事物比較難、有風險、不確定性高。毫無
疑問,賈伯斯很難共事,對他來說,光是做得比上次好,
是遠遠不夠的,作品還必須與眾不同。

我不是主張為了實現創作願景,你必須當個難搞的混
蛋,但你確實需要培養堅強的意念,堅持立場。如果連你
都不支持你自己的點子了,誰會支持呢?

　　約莫十年前，傑夫‧貝佐斯（Jeff Bezos）宣稱，亞馬遜「願意承受長期的誤解」，把業務範圍從銷售書籍、百貨等日常用品，拓展到銷售「雲端服務」——就像俗話說的，打造「空中閣樓」。當時，大家紛紛質疑，亞馬遜哪懂得什麼「大數據」？大家集體的反應是：「貝佐斯，你還是乖乖做好本業吧！那種數位產品就留給Google、微軟之類的公司做，你還是回去賣割草機吧。」

　　同樣地，很多人一再對莎拉‧布蕾克莉（Sara Blakely）澆冷水，說她的Spanx概念不值得投資，但她還是不辭辛勞地帶領公司朝著願景前進，不顧其他人在一旁潑冷水。工廠拒絕與她合作生產無縫內衣時，她自己改進原型。如今，Spanx和亞馬遜創造出數十億美元的營收後，大家終於清楚這兩家公司的佳績，完全要歸功於兩位創辦人對願景的堅持。

　　總之，**任何打破現狀的事，無論是大企業裡的創新團隊、新創企業或個人的創作專案，都是一場硬仗，但都是值得奮力拚搏的戰鬥。**如果你公開一項創作，卻沒有遭遇任何阻力，很可能它不像你想的那麼重要又值得。當它引起外界的反應時，你就知道你押對寶了。接著，你的任務變成要呵護那道小小的火花，尤其當周遭有人試圖把火花吹熄時，你更要努力呵護。那些把你視為眼中釘的人，正好突顯你抓到了重點。

　　我的朋友艾力克斯‧卡德伍（Alex Calderwood）創立

了Ace連鎖飯店，重新定義了飯店，並在飯店業留下不可磨滅的成就。某天，我們在倫敦碰面，一起喝咖啡，聊品牌，他是這方面的專家。我說，我的理念向來是致力投入很個人化的東西，把焦點放在兩個極端中的一個：要嘛追求粗略與廉價，不然就是追求精緻與精確。我覺得中間的一切，諸如「最佳實務」、「業界標準」、「競爭對手正在做的任何東西」，只會創造出令人過目即忘的結果。

卡德伍回應，他把他的連鎖飯店事業命名為Ace，是因為在撲克牌中，Ace同時是最小與最大的牌。我覺得，這番見解真是獨到，簡直是天才！

誰想成為紅心9或梅花6呢？**你就是Ace，開創你自己的牌局吧**。

第二步

Design 設計

設計策略，實現夢想

4 設計你的系統

「實踐目標只能靠計畫，我們必須堅定相信計畫，積極運用計畫，成功別無他法。」

——畢卡索，20世紀現代藝術主要代表人物之一

　　如果創意是以新奇的方式，把意想不到的點子串連起來，你依循一套結構化的方法創作時，可能會覺得很矛盾，甚至適得其反。畢竟，自發性是無法以框架限制的！為創作制訂計畫，可能會讓你覺得完全錯了，但是開發基本策略、系統、架構來輔助創作的產出，其實可以幫你減輕等待靈光乍現的壓力。而且，在過程中，你會變得愈來愈上手。相信我 —— 我真希望當初我能夠早點明白這個道理。

　　整個童年，我需要遵循的指導原則多到難以計數，那些指導原則規範我該做什麼、該怎麼做。那些原則本身沒什麼不合理，但我從小就有宵禁，必須做許多家務，家裡還有一大堆家規，例如：即便是寒冬，家裡的暖氣只能開在16~17℃；髒碗盤必須以特定方式放入洗碗機；吃飯

前，要先擺放餐具等 —— 這樣你大概可以了解我家的情況了。我爸媽很好，只是比較挑剔。

我參加的校隊也是如此，足球有很多規則。當然，學術界也是如此，從一般學校到研究所都是這樣。我了解那些規範可為我們提供一致性，但我也覺得有些規定很武斷、沒必要，或只是為了某人的方便而設計。我很少覺得那些規定對我來說有什麼價值，後來我開始把所有規範、儀式、制度，視為暗地裡掌控及壓迫的機制。

把時間快轉幾年，這種對結構與框架的蔑視，自然阻礙了我早期的創作生涯。我心想，創作是自發性的，無法套用公式。當我受到天外飛來的神奇力量鼓舞時，我才會創作。至於其他時間，我要做我想做的任何事情。創意與紀律無關 —— 創意與自由有關，對吧？

如今，回顧以前我對創意的天真想法，我可以明顯看出，那是受到主流文化敘事的影響。主流文化把藝術家視為不受羈絆的神祕主義者，認為他們潛入樹林裡，或是進駐蘇活區的Loft式建築或其他聖地，在那些地方完成傑作。然而，這種浪漫的迷思與任何領域的專業人士實際工作的方式，幾乎毫無共通之處，尤其是在創作領域。

如今，我知道怎樣做才有成果：**建立一套一致的創作實務，貫徹執行。為創作建立一套基本架構，可以幫你避免很多失望，讓你更快達到想要的成果。**

持之以恆的力量

　　布蘭登・史丹頓（Brandon Stanton）從喬治亞州的大
學退學後，搬到芝加哥，一位金融界的朋友幫他在那裡找
到債券交易員的工作。史丹頓對金融不感興趣，但是能靠
體面的工作謀生還是令他振奮 —— 能向親友證明他可以
善用天賦，那感覺很好。事實上，那感覺太好了，他開始
迷上那份工作，在情感上日益依賴那份工作帶給他的身
分，以及收入帶來的生活方式。他開始不停地工作，清醒
的時候，時時刻刻都想著市場。

　　正職占據他大部分的時間和所有的注意力，但他搭乘
芝加哥的公共運輸時，偶爾會花幾分鐘拍攝都市風景或陌
生人的肖像，那是他紓壓的方法，也是他暫時不去思考金
錢的機會，但是他告訴自己，別被那些美麗的照片吸引而
分心了。對他來說，攝影可能比交易債券更有趣，但安全
感還是首要之務。只要一切按照計畫進行，他可以靠交易
債券致富。一旦他向世界宣告他成功了，獲得經濟保障，
他就可以自由追求真正的熱情了。

　　那個信念支持他努力工作了兩年，但後來他遭到解
雇。那天，他離開上班大樓，回到芝加哥街頭，他頓悟
了。兩年沉迷於金錢遊戲後，他對金錢已經毫無興趣，大
腦突然騰空了，現在他想在腦海中裝什麼都可以。同樣
地，他也有無數的時間，可以去任何地方，做自己想做的

任何事情。那種突如其來的自由感令他興奮，他希望這種狀態不要結束。

當下，他做了一個大膽的決定，但那個決定後來為全世界數百萬人創造了價值。從那一刻起，他決定把時間花在能夠帶給他快樂的事情上。他已經厭倦了向自己承諾，「有朝一日」等他賺夠錢、獲得財務保障後，他就可以盡情創作、過他想要的生活。當下，他就要開始過他想要的生活，那時他才剛失業，沒有任何財務保障。

他突然想到一個攝影計畫：拍攝一萬名紐約人的街頭肖像。為了替那趟旅行募資，他把風景照賣給朋友。抵達紐約市後，他住在布魯克林貝德福德－斯泰弗森特（Bedford-Stuyvesant）的一間轉租公寓，晚上睡在地板的床墊上。舒適與安全並不重要，有更重要的事情等著他做。

如果你熟悉「紐約眾生群像」（Humans of New York）這個攝影部落格網站，你幾乎認不出網站上的第一批照片。上面沒人按讚，也沒人留言，那些照片甚至沒有圖片說明。史丹頓花了幾個月的時間，每天貼出人物肖像後，那裡累積的粉絲數不到一千人，但一件關鍵的事情發生了。那天，史丹頓只拍了一張毫無生氣的肖像，正感到無奈之際，他想起照片裡的那個人（一位身穿綠衣的女人）對他說：「我經歷過不同的階段，但後來發現，我穿綠色時最快樂，所以我已經穿綠衣15年了。」於是，他決定為那張照片配上那段文字說明，那張照片成了他發布的照

片中最受歡迎的一張。史丹頓憑著直覺運作，無意間發現了吸引大眾的關鍵：故事。過去幾個月天天與陌生人接觸後，他再也不怕與陌生人互動了。於是，他開始和拍照的對象聊聊生活，把那些資訊濃縮成每張照片下方的圖說。

　　早期那些照片在社群媒體獲得的關注，吸引了書探上門，為他帶來了一本書的合約。如今，史丹頓擁有兩千萬以上的粉絲、多本暢銷書，在Facebook的影音平台「Facebook Watch」上有一系列的影片。史丹頓獲得的財富，比他以前當債券交易員預期的還多，他也為世界各地的慈善機構籌集了數百萬美元。透過日常創作的架構、勤奮工作及冒險的意願，以及隨時準備好依循直覺運作的心態，他成為當下最知名、最多產的攝影師之一。

　　他是怎麼開始的？**首先，他決定相信，他可以靠創意來改變自己的處境。接著，他開始以攝影師、創作者自居。最後，他日復一日以一致的行動去實現目標。**「每天早上帶著相機出門」這個簡單又刻意的動作，為他創造了驚人的動力。**日常行動雖小，但成果不同凡響。**

接受這些真相

　　這一章開啟了本書的「設計」單元，這三章將幫你培養一種創作思維，並且建立一套習慣，以塑造你的工作和生活。不過，在我們討論具體策略之前，我想請你先思考下列幾項原則。

心態最重要

誠如羅馬皇帝兼哲學家馬可・奧理略（Marcus Aurelius）所言：「生活的幸福取決於思維的品質」，這句話在羅馬時代與現代一樣適用。你的身心靈狀態，是你的人生到目前為止一切決定的直接結果反映。身體健康、認知能力、快樂與福祉 —— 這些幾乎都是由信念與行為決定的。日復一日，你在運動或看 Netflix、熬夜或睡覺、注意飲食攝取或狂吃薄荷巧克力冰淇淋之間抉擇，**你的決定創造了你的每一天，每一天的累積創造了整個人生。**每個人都面對獨特的身心挑戰，但無論你遇到什麼，你面對挑戰所抱持的心態是最大的關鍵。

為了獲得新的心態及轉變生活，你必須相信兩件事：**不管你當前的處境如何，你都可以變得更好；你有能力讓改變發生。**

什麼東西需要改變？你如何設計最好的生活？為了幫你了解答案，我會分享一些關鍵想法及驗證可行的做法。你可以親身試驗，找出最適合你的方式。接著，根據你理想的存在與行為模式，為自己設計一種方法。

放棄的好處

我們在做自己喜歡的事情時，當下體驗到的興奮與喜悅滋養了我們。由此可見，當我們做的事情不忠於自我

時，那會消耗我們創作及分享所需的活力。

　　曾經有一段時間，我努力追求不適合自己的目標，那段歷程對我造成很大的傷害。我攻讀哲學博士學位時，一位教授曾說我是「光說不練的社會學家」──這種羞辱人的說法只在研究所聽得到，只因為我想與現實世界的想法交流，不光只是整天解析亞里斯多德和柏拉圖。

　　他的話並未傷了我的自尊，他只是說出我早就心知肚明的事：我之所以重返校園深造，只是因為我不敢去追逐真正的夢想，而且我對讀研究所的興趣，還不足以讓我去做比表面功夫更重要的事。不久，我就休學了。當時，我不知道我正在培養一種罕見但強大的能力：**放棄不適合自己的東西。為了開創你想要的人生，這是你必須好好運用的能力。**

　　雖然放棄是很難的決定，但放棄本身感覺很好。我很快就發現，研究所帶給我的啟示，跟我在歐洲學到的一樣寶貴。一些關鍵的經驗，讓我更了解自己。從那時開始，設計我的人生變得容易多了。分析失敗的經歷，找出什麼因素消耗我的精力、阻礙我前進，讓我有能力做出決定，幫我遠離陷阱，繼續向前。

快樂至上

　　我知道你在想什麼：「嘿，賈維斯，謝謝你分享那些故事，但我不能放棄研究所或搬到滑雪小鎮，更別說飛到

歐洲自學攝影了。」

　　那不是我想傳達的訊息。探索願景並非必要，我想傳達的訊息是：傾聽你的直覺，了解不聽從直覺的後果。**每個人開創的道路都不一樣，重點是找出什麼適合你、什麼不適合，然後多做適合你的事，少做令你厭煩的事。**你可能會說，這根本是享樂主義。對此，我的回答是，如今有太多人在臨終時，因為沒有追求想要的職涯而後悔莫及，更遑論夢想的生活了。別讓這種憾事發生在你身上。

　　做更多你熱愛的事，不表示你一定要飛去巴黎。逛本地的博物館或翻閱藝術圖鑑，也可以享有愉悅的時光。只要你曾在這種心靈充電中體驗過充飽能量的感覺，你可以把獨處時光融入一天的作息，到附近的公園散步。你的目標是培養與你產生共鳴並帶給你快樂的活動。為那些滋養你的活動，例如去做兒時帶給你快樂的創作活動，或是在家人起床前寫日誌等，規劃一份實用的藍圖，你將有機會以強大的新方式，看待你的生活與能力。

　　你的任務是找出哪些行為撫慰你的心靈，以及哪些行為令你感到空虛。在本章最後，你會得出一套習慣與慣例，它們可以幫助你激發創意火花，加速你蛻變成你想成為的創作者與人類。

培養創意思維

　　在上一章，我們區分真實風險（毫無計畫就辭職，

最後連房子也沒了）與感知風險（在Instagram上分享作品），藉此與風險培養一種健康的關係。學習克服不合理的風險（那些風險只會威脅到你的自我價值），你才能展現真實自我，並且開始以創作者的身分脫穎而出。

　　創意思維不單只是控管負面衝擊而已，你也需要動腦主動出擊。如何維持思維的開放、快樂、正面、積極呢？畢竟，你的想法與感受，決定了你的生活品質。

　　科學告訴我們，正面、積極的想法更有益健康，它讓我們感覺更好，也與心流狀態及進步績效密切相關。思維攸關我們想為自己創造的一切，無論是插圖、奏鳴曲、蓬勃事業，或是我們想要的生活，因此輕忽不得。我喜歡把思維想成地基，地基打不好，一旦受到衝擊，整棟建築就會迅速崩塌，把人困在碎石廢墟中。好的地基可以支撐火箭發射，穩定的創意思維有下列幾項核心原則：

　　你是有創意的人。

　　世界很豐富，充滿各種可能。

　　你的處境永遠可以改變。

　　你可以運用創意，創造你想要的改變。

　　創意是自然又健康的，但需要實踐。

　　創意是終極的個人力量。

　　遺憾的是，光是讀這本書，並無法培養創意思維。**你**

需要一再採取對應的行動，才能培養創意思維。改變思維需要持續把這套信念付諸實踐。你覺得自己有創意嗎？很好！那就創作一樣東西來證明這點吧。今天、明天，每天都這麼做。

唯有致力投入創意培養計畫，你以前對天賦與命運所抱持的老舊觀念才會開始消失。請注意：你的創作力愈強，你的作品會變得愈深入、愈豐富，人生也會跟著深入及豐富起來。這是一劑超強的特效藥，創意思維是良性循環的起點。

目標

你的目標是你個人道路上的里程碑，所以目標必須符合你生活中真正想要的東西。沒有什麼是「應該」的，當目標背後的原因有意義時，它可以激勵我們。無論你的目標是開發app、成為外科醫師、學習跳舞，或是從自由接案的嗜好中賺取你所有的收入，那都是在發揮創意。**在日常的小行動中，你正在為自己創造結果，進而創造生活。所以，你必須清楚知道你想要什麼結果。**

很多書專門談論目標設定，為了幫助你啟動，下列是一些關鍵原則。

1. 寫下目標，天天提及。

2. 目標不必多，頂多三、四個，這樣才能專注執行。

3. 為每個目標設定適切的時間表，目標愈明確，愈有可

能達成。

所以，與其把目標設成「學跳舞」，不如設成「在我的婚禮上跳〈瑪卡蓮娜〉（"Macarena"）。」或者，如果你想提高難度，可以試試「在明年以前上真人秀《舞林爭霸》（*So You think You Can Dance*）表演。」套用我在幸運餅乾裡看到的一句話：「如果你不知道你想去哪裡，你怎麼去呢？」

習慣

習慣是透過一再重複與獎勵而自然形成的行為。習慣的力量，與你身為人的內在價值或任何天賦無關。習慣一經強化，會愈來愈穩固，就這麼簡單。重點是，切記，**你必須以健康的方式來養成各種習慣，那必須是出於自我關愛的立場，而不是出於自我否定或自虐**。當你覺得你「必須」或「應該」養成某種習慣時，那種習慣可能變得不健康。只要持之以恆地下功夫，任何人都可以養成新習慣。習慣一旦養成，那個行為在應該發生的時候會自然發生，不須刻意思考。例如，你可能每天早上起床第一件事，就是自動自發地寫日誌，自然而然地喝水、不是喝汽水等。

創意本身就是一種習慣，就像任何行為一樣，是可以強化，甚至自動化的。如果你每天的創作都是完美心流的愉悅體驗，你應該不會讀這本書，而是在創造某種神奇的東西或享受人生，而且還散發出創作的滿足感。但你顯然不是，那也沒關係，我們都一樣。

　　想像有個朋友來向你尋求建議。他說,他很難把管子彎成兩半,也很難把巨石舉起來 —— 先不管他為什麼要做這些事情,你第一個問他的問題是,你有足夠的力量舉起巨石嗎?這個朋友也許是個好人,但他從未上過健身房,三餐都吃果漿夾心餅乾,手臂肥如臘腸,手無縛雞之力,更何況是舉起巨石。

　　當然,這是個荒謬的情境,但比起這種荒謬的情境,人們對於創意發揮的想像更是天真。女神卡卡(Lady Gaga)有超強的創作力,所以創作及錄製了數張白金唱片。她一再改造自己,已經改造五、六次了。她是時尚與音樂界的女王,現在更是電影明星。這不僅僅是天賦而已,多年持續的努力,使她的創作力也練出創作肌力。然而,無數有志成為歌手的人,卻期待第一次創作就像女神卡卡那樣,坐下來就以同樣的時間寫一首歌,並以同樣的熟練度,創造出同樣的出色結果。當他們做不到時,便心想,那肯定是因為他們先天欠缺某種天賦或性格,不是因為他們的創作力尚未開發。

　　習慣如何養成呢?透過持續不斷的強化。習慣是通往目標的道路,無論你抱持什麼目標。

創意金字塔

　　我畫了一個簡單的圖,幫我理解思維、習慣、目標之間的關係,我稱為「創意金字塔」。

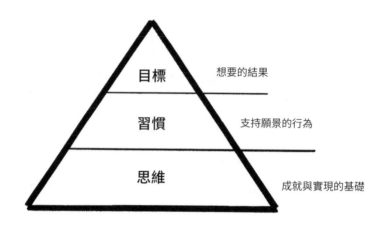

一個目標若沒有正確的思維或必要的習慣作為支撐，那是紙上空談，永遠不會實現。埃及人知道，沒有地基就無法打造金字塔。無論你的目標是出版一本暢銷小說、創立下一家獨角獸公司，或是為了豐富生活而培養創作習慣，你都需要明確的目標、正確的習慣、創意思維。

創意強化因子&創意弱化因子

我們先釐清一點：每天我們在社群媒體上讀到的「生產力」鬼扯論點，基本上都是在浪費時間。生產力已經變成一種自助機制，只處理症狀，不處理問題根源。你很忙嗎？忙碌一點都不酷，忙碌只顯示你做事毫無輕重緩急，缺乏優先順位的考量。與其想辦法在一天中塞進更多的五分鐘會議，或是加速處理湧入收件匣中的電郵，不如開始思考，如何培養幫助你釋放創意的心態與行動。創

意 —— 展現點子的能力，從來不是浪費時間的事，而是
最重要的槓桿。

　　創意強化因子是滋養創意的習慣；創意弱化因子是消
耗精力、導致目標更遙不可及的習慣。只要養成習慣，稍
做改變，就能產生很大的效果。採用一些創意強化因子，
戒除一些創意弱化因子，就能幫你從當前的處境移到你想
要的位置。當你成功改變行為時，可以回頭檢視這份清
單，持續改良這套錦囊工具。

　　接下來的創意強化因子與創意弱化因子清單，是擷取
自我個人的經歷，以及受邀來我的播客分享經驗的全球頂
尖創作者、暢銷作家、顛覆業界規則的創業家。我把它們
收錄在這裡，提供你更多靈感。我想先從創意弱化因子談
起，因為你可能看到一個或多個例子，是你現在就可以馬
上戒除的，並且看到立竿見影的效果。

創意弱化因子

　　實務經驗讓我了解到，「窮苦藝術家」的概念大多是
迷思。有些事情對你的創作有幫助，有些則毫無助益，不
管它們看起來有多浪漫。一旦你知道什麼事情對你有益、
什麼對你無益，你會發現，幾乎沒有什麼事情是違反直覺
的。虐待身體，太常尋歡作樂，忽視大腦健康 —— 這些
事情無法讓你變成更好的數學家、水電工或股票經紀人，
既然如此，怎麼可能提升你的平面設計技巧或經營事業的

能力呢？任何因減少壓抑而促成的短暫靈感提升，通常會伴隨著低產出及執行不當等後果 —— 也就是說，真正重要的東西反而受損了。

我們看到許多偉大的藝術家，以獲得創作靈感為由而走向毀滅。仔細觀察，你會發現，他們酗酒、嗑藥、出現自毀行為的時間，往往和過去的創傷有關，但鮮少發生在創作旺盛而成名的階段。所以，別再用那些陳腔濫調，為錯誤的決定及無益的行為辯解了。

創作卓越的作品不需要悲情，也不必在狂喜與痛苦之間擺盪，你只需要留在圈子裡，持續不斷創作就行了。

行為科學指出，直接戒除惡習很難，培養新習慣來取代舊習慣容易多了。在你閱讀後文列出的種種惡習，以及本章稍後列出的輔助策略時，請記得這點。

不當處方

誠實檢視你為了「應付日常生活」而攝取的食物，然後自問：這些東西真的有益嗎？那可能是你為了獲得某種效果而攝取的任何東西，例如暴飲暴食、糖分、咖啡因、毒品等。我不是說你應該吃甘藍、扁豆為生，這個單元也不想討論你嘗試的迷幻藥是「藥物」，還是一種逃避。說實話，我絕非聖賢，我們偶爾會因為生理因素，想要改變體內的化學成分。每隔兩三週，我要是無法放縱自己一天，像青少年那樣大吃大喝，或是在派對上大快朵頤一番，我

也會瘋掉。但是，話說回來，我們都知道什麼時候的自己是處於創作顛峰，那是我們應該好好照顧身心的時候。坦白地自我檢討，哪些東西對你有益，哪些東西對你無益。

社群媒體

沒錯，社群媒體攸關我們如何與社群連結，以及如何培養作品的受眾。但是，我們都知道，那些系統背後的公司，刻意運用行為心理學來吸引我們的注意力，以達成他們要的目的。身為藝術家，注意力是非常重要的資源，我們沒有本錢浪費寶貴的精力。臉書永遠都覺得你掛在上面的時間不夠長，馬克・祖克柏（Mark Zuckerberg）永遠不會說：「今天你已經刷夠了動態更新，還是回去寫作比較好。」運用那些工具來分享作品是一回事（詳情請見本書的第四步），每天上網五十次，只為了看有沒有人對你的貼文按讚，以迅速刺激多巴胺分泌，那又是另一回事了。你應該把社群媒體視為垃圾食品，攝取要有限度。我們將在第5章討論如何為社群媒體的使用排程，**現在先注意你的社群媒體使用量、它帶給你的感覺，以及它如何影響你的創作，你會大吃一驚。**

新聞

我建議你盡量不要看新聞（大驚！）；事實上，無論如何，你都會得知你需要的消息，我們活在新聞無處不在的文化中。所以，你可以把「不看新聞」拿來當實驗。別

再主動瀏覽新聞,亦即那些顯示今天哪裡發生什麼問題的列表。這樣嘗試一週,我可以保證,七天後,你依然知道你原本從網路得知的所有重大新聞,但你不會因為每天瀏覽新聞,持續感到恐懼與絕望。那種沒完沒了的負面情緒,對創意及整體福祉都有糟糕的影響。如果你關心時事,可以設定自動捐款功能,捐錢給你在乎的非營利組織,讓他們把你的錢用在氣候變遷或監獄改革上。選舉接近時,你可以花時間仔細研讀議題與候選人,並且改變你接收新聞的來源,以獲得更廣的視角。**其餘時間,最好控制你吸收的新聞數量與品質,保護你的思維。**

電子郵件

即使是憤而退出社群媒體的反科技分子,也無法完全掙脫電子郵件的羈絆。再次強調,你能做的,是審慎考量你如何運用這項工具,以免它消耗你的精力。盡可能不要每天一開始就查看電郵,那是扼殺晨間精力與動力的一大因素。電子郵件就像占用你時間的請願書,它沒要求你一定要馬上回覆,很少關鍵任務需要在早上六點到八點之間處理。而且,**最重要的是,你需要訓練平日往來的對象,讓他們了解你何時有時間回應、何時沒時間回應。**我很堅持早晨先完成例行的慣例,不受電子郵件的干擾。事實上,即使我完成了早晨的例行慣例,我也會繼續回避電郵,等我完成當天待辦清單上最重要的任務後才看。我把

當天最重要的任務視為一張骨牌，只要完成它，（a）我就覺得那天很順利，沒有白過；（b）可能推倒其他骨牌。

工作過勞

無論是正職或做創意專案，你都很容易做過頭，把自己搞得筋疲力竭。在絕對必要時，偶爾把自己逼到極限確實有效，但**創作生涯是靠持續不斷的創作累積出來的，不是靠過量付出爆衝出來的。學會更常休息及始終如一，比完全放棄更好。**

許多創作者在過勞與鬆散之間擺盪，形成一種惡性循環：卯起來投入一件事，直到筋疲力竭，接著在恢復精力期間，又盡量回避創作。等你準備好回頭做專案時，已經失去興奮感了。我不小心就會掉入這種過勞的陷阱。「衝刺」不是壞事，但只能偶一為之，而且衝刺過後，你需要加倍照顧自己，才能彌補先前的過量付出。

每天都有一個時刻，你會開始感受到創作的效益遞減。請利用本書的這個單元，幫助你辨識那個時刻。當你真的絞盡腦汁一無所獲時，直接擱下創作去休息吧！遇到創作瓶頸時，休息反而有神奇的妙用。

錯誤的工作

在創作者的生活中，一種常見的破壞因素就是做錯誤的工作；換句話說，就是把太多時間花在不重要或沒必要的事情上。相較於「改進」缺點，善用優點更能讓我們蓬

勃發展。**你應該把自己最不擅長的任務委派或外包出去，盡量回避。堅持凡事都要自己來，對自己並沒有好處**。每個客戶都想跟在 X、Y 或 Z 領域表現最好的人合作，而不是找一個那三方面都做得還可以的人。當我們試圖去做一些超出我們專業範圍與意願的事情時，一切都會變得更加困難。你可能還沒準備好全職投入創作，但如果你討厭現在的正職，你如何鼓起必要的熱情去創作？你應該找更適合你做的事情來維生。當你在工作上可以發揮所長時，下班後更有餘裕投入創作。我在工作中為了非創意的任務而停滯不前時，會變得更焦慮，食欲不佳，睡不好。缺乏睡眠與飲食，使我變得更加疲累，焦慮感又進一步提升了 —— 這有如滾雪球一樣，是惡性循環。

創意強化因子

在人生的這個階段，我已經無法忽視一項事實：美好的日子 —— 感覺很好並創作出最佳作品的時候，都有一些共同的元素。首先，那些日子都是用心營造出來的。在那些日子中，我處於主導地位，心中有明確的目標，以及實現目標的計畫，即使目標只是花時間仔細思考一個問題。過去十年間，我要求自己注意那些對我有效的行為，把它們納入日常生活中。那樣做，似乎占用了「做事」的時間，但是那些拓展創作力的活動，是讓生活各方面事半功倍的利器。

在日常生活中，我偶爾會略過這些習慣嗎？那當然，我不是完美的執行者。但我投入很多心力，避免自己偏離正軌。當這些活動變得愈規律、愈稀鬆平常時，我的創作力愈強。所以，從小處著手吧！接下來的清單包羅萬象，任君挑選，你可以挑選幾項活動來實驗一下。

磨練技能

這不是廢話嗎？雖然剛剛才說，這些好習慣可以任君挑選，但是這個習慣是沒有商量餘地的，非養成不可。無論你是業餘愛好者，還是專業人士，學習你那門藝術的技能都是必要的。如果你有志踏入創意產業，核心技能是入行的入場券。學會那些技能後，不斷練習很重要，那無疑也有助於促成你想要的結果。**你要把基本功練到信手拈來不費吹灰之力，像呼吸、走路或嚼口香糖一樣輕鬆，那時你會感受到創意職涯的真正樂趣與收穫。**以學習外語為例，首先，你需要對詞彙、動詞變化、句型和語法有基本的了解。熟悉那些基礎後，你才能活用語言來表達自己，不需要一直思考接下來該講哪個字，此時你就能真正進行對話了。任何創作技藝都是如此，目標是達到行雲流水的程度，以便盡情表達。

創意的交叉訓練

在嗜好或職業中，規律練習創作技巧，只是必要條件之一。你除了需要專注提升主要的技藝，例如：攝影需要

精進採光知識，鐵匠需要精進鍛造技術，畫家需要了解顏色理論，盡量拓展創意領域也是必要且有益的。

攝影是我擅長的主要領域，但每天我也會練習攝影以外的東西，那可能是創作三行詩、在部落格發表一篇三段文章，或是反覆練習三種吉他和弦幾分鐘。多方嘗試主要技藝以外的其他創作，不僅有助於創意的訓練，你也在潛意識中持續提醒自己，你可以主動塑造你的人生軌跡。

每天積極投入一些微小的創意活動，你可以培養更強烈的動能、創意、自主性。如果你會拍照、寫文章、靜物寫生，你當然可以開創自己的命運。想想運動的交叉訓練，如果你是籃球員，平常練習時只練跳投，比賽時你會很吃力，因為你的有氧運動能力（基本要求）不夠。

冥想

多年來，醫生、科學家、大師、表演專家，一直在宣導一種正念練習。我自己也曾公開推薦冥想，大讚冥想的效用。在過去十年練習的各種「大師技能」中，冥想無疑是效果最好的活動。如今研究人員仍持續對冥想進行優質研究，冥想的支持者比以前更積極宣傳冥想的效用，因為它確實有益身體健康與福祉。

如果你覺得自己該做的重要事情太多，還在猶豫要不要花十到二十分鐘坐著不動，你可以問問自己：**你真正抗拒冥想的原因是什麼？**一開始，我抱怨冥想需要投入時

間，但實際上我是擔心冥想可能削弱我的競爭優勢。在我看來，那些練瑜伽的人，總是給我鬆散、閒適的感覺。但我開始冥想後，發現自己並未失去任何東西。相反地，開始冥想不到一週，我的思路變得更清晰，注意力更敏銳，目前為止還沒發現任何缺點。

感恩與觀想

感恩與觀想（visualization）皆有詳盡的研究，具有科學證實的效益。感恩的心態幫我們隨時了解生活的整體豐富性，也可以化解任何負面情緒。觀想是無數領域的卓越工作者，用來管控潛意識的強大工具。只要上網搜尋一下，就會看到感恩與觀想的一些做法。

除非遇到特殊情況，否則每天我冥想完後，會進行三分鐘的感恩與觀想。我從閉上眼睛開始，接著想三個令我真心覺得慶幸、感恩的時刻，我在心中重新體會，彷彿親眼目睹那些經歷似的，盡可能充分感受那些時刻。那可能是人生中的重要大事，例如我的婚禮，也可能是一些微妙的小時刻，例如我家寵物做了一件可愛的事情，任何帶給你喜悅或讓你意識到人生真美好的時刻都可以。

接著，我想像自己剛實現三個最重要的目標。我體會每項成就所帶來的感受，盡可能想像所有的細節，包括聲音、氣味、情緒等。完成那些目標時，那看起來、感覺起來、嚐起來、聞起來、聽起來是什麼樣子？**潛意識無法清**

楚區分觀想的體驗與實際的體驗，所以當你把焦點放在達成這些願景的身體感受時，你正在為成功預作準備。

運動

研究一再顯示，保持健康及提高心率，可以增強創意與認知能力。我的方法是以一套基本的運動來維持身體健康。總之，能促進血液循環的活動都是好的，如果能搭配新鮮空氣更好。改善大腦運作不見得要跑馬拉松。

動一動身體，大腦也會跟著活化。神經科學的資料清楚顯示：改變生理狀態會改變血液中的化學物質，那些化學物質會進一步影響你的情緒與大腦清晰度。你看，在激勵大師湯尼・羅賓斯（Tony Robbins）的激勵大會上，大家為什麼要跳來跳去？那正是生物化學發揮效果的時候。運動，是創意的催化劑。

冷水澡

不可否認，這招比較深奧難懂。但每天早上只要沖幾分鐘的冷水澡，就可以讓一天大大不同。**科學證實，冷水澡除了可以提振心情（有些人一開始不覺得），甚至有助於治療憂鬱症，也可以強化免疫系統。**

目標很簡單：每天早晨讓身體感到寒冷，藉此喚醒自己來面對新的一天。至於如何達到想要的效果呢？你可以在浴缸中裝滿攝氏7度到12度的水，下去浸泡（專家等級），或是在完成正常的早上淋浴後（沖熱水澡、清

洗等），以蓮蓬頭用最冷的水沖脖子、肩膀、臉部、背部、胸部兩三分鐘。無論是哪種方式，隨之而來的幸福感都會令你訝異。如果你想了解更多細節，可以看我的Instagram和YouTube頻道，我偶爾會在上面發布這類訊息，網路上也有大量有關冷水澡的文獻。

良好的營養

雖然我不建議你採用最新流行的膳食法，但你攝入的食物會對你一整天的活力與注意力產生很大的影響。吃未加工的食物，少吃碳水化合物，規律的用餐時間，這三點幾乎涵蓋了我個人養生法的90％。我幾乎從來不空著肚子出門，通常是在起床三十分鐘內，就攝取雞蛋之類的蛋白質和蔬菜──根據提摩西・費里斯（Timothy Ferriss）的低醣飲食法。趕時間的話，我會攝取一些好的脂肪、半顆酪梨、一茶匙椰子油，或一些杏仁和高蛋白奶昔。我的午餐和晚餐沒什麼特別，都是簡單的天然食物。**過你想要的生活，但是吃乾淨的食物，減少加工食品及精製糖的攝取，可以幫你維持一整天、乃至於幾個月或幾年的活力穩定。**

適度補充水分

這點很重要。**我盡量每天喝1,800CC的水（約八杯水），如果能喝更多，我會多喝。**我發現，一早醒來就喝兩杯冷水，可以讓我馬上充滿活力，也更有可能達到每天喝1,800CC的目標。

先創作，再觀摩

如果你每天早上起床的第一件事就是滑手機，瀏覽你最喜歡的創作者和創業者發布的訊息以獲得靈感，你可能會因為自己創作不夠而感到焦慮或沮喪。你只要在觀摩別人的作品之前，先刻意創作一些東西，就可以改變這樣的狀態。這是我在播客上訪問友人瑪麗·弗萊奧（Marie Forleo）時學到的，這項訣竅說來簡單，但效果強大，這個經驗分享每天惠我良多。

很多人是以觀摩他人，例如瀏覽網頁、看電視等，來啟動每一天，而不是先創作。我們因此成為受眾或評論者，想法受到他人的作為、他人的績效優劣、他人獲得的外界反應所影響。這是一種「超級毒藥」，尤其是你最近幾乎沒創作時，那樣做肯定會破壞本章前面提到的創意思維。

「先創作，再觀摩」是一種看似微小的改變，但是對你的日常展望與創作力有深遠的影響。所以，請務必先創作。做點東西，最好也分享出來，不管那個創作有多小。

保持條理

關於創作者的迷思之一，就是創作者通常雜亂無章。沒錯，很多創作者確實如此，但有更多創作者習慣維持乾淨、有條理。我不是建議你在開始創作前先打掃房子，那叫拖延症。我只是建議你維持井然有序，那是達成創作目標的方法。這個道理其實很符合直覺：**能工巧匠知道每件**

工具的位置，隨時可以取用。我會在第5章討論如何設置空間以利創作，目前你只要知道混亂的工作空間會增加認知負荷，有條不紊的工作空間有助於創作就行了。

冒險與玩樂

這個道理很簡單明瞭，站起來，出去找點樂子吧！無論你的作品多抽象或夢幻，都必須來自你心靈的某處才有價值。在創造有價值的產出之前，你需要先獲得一些優質的輸入。創作者需要一些刺激，需要接觸一些別人的作品，需要一些不安、興奮、樂趣、情緒起伏、成敗等，生活是創作的基礎。

冒險對每個人來說，意義各不相同。它可能是旅行、戶外活動，或是透過夜生活讓「生活變得更豐富」。放鬆一下，玩得盡興，多點歡笑。**能為你的生活帶來動力的事情，可能對你的創作都有幫助。**當然，飛到陌生城市或爬上冰凍瀑布，可能有戲劇性的激勵效果。有本錢的話，當然可以那樣做，但不要為了「獲得靈感」而亂花錢，也不要等到你有能力環遊世界，才經常為生活添加冒險與娛樂。樂於擁抱新的體驗，挑戰自己，讓自己能夠立刻走出安適圈。如果有人問你，為什麼你沒有認真創作？你可以說，你是在收集素材。

充實藝術涵養

這是創作產業的一大祕密 ── 隱藏在顯而易見的地

方。創作靈感時常來自其他受到啟發的作品與創作者，多樣化有助於成長，即使成長意味著你日益明白自己不喜歡什麼。另外，不要局限自己只欣賞熱門傑作，你也可以觀摩業界新人的作品，他們的成就與影響力可能比較接近你的等級。**重點是：保持好奇心，多方探索。**

　　跨界觀摩也有好處。如果你是音樂家，可以多看電影。如果你是網頁設計師，可以觀賞芭蕾舞。這一招幫我找到了身為藝術家的獨家特質：影響我的人事物，大多來自攝影界以外。為了了解採光，我學了幾年油畫。為了學習如何拍攝生活照，我透過人物素描來研究身體的姿勢平衡。這類跨界觀摩的例子不勝枚舉。

　　我主持播客時，最愛邀請音樂家、藝術家、設計師、作家、演講者、旅行玩家、創業家、商業大亨等來上節目，一聊就是一個小時。他們大方分享，啟發了我的藝術、我的作品、我的世界，讓我對安適區以外的事物產生了熱情。

　　來自藝術或當代流行文化的歷史知識，是強大的優勢。無論是在藝術、商業、人文或其他任何領域，了解規則、熟悉規則，接著決定在何處如何打破規則，是一條廣為人知的途徑。歷史建構了脈絡。

享受平靜時刻

　　創作往往需要充滿活力或新奇的體驗從旁輔助，但是

話說回來，卓越的點子通常不是出現在日常運作的高潮。**神經科學顯示，創意思維 —— 把不同的概念與想法，以新奇、有用的方式串連起來，最容易出現在大腦處於休息狀態的時候，或是輕鬆從事安靜任務的時候。**我的經驗一再證實此言不虛，所以我會刻意在冒險模式與安靜模式之間切換。我到外界去尋找靈感，接著回工作室，讓那些經驗靜靜地在腦海中醞釀，直到靈光乍現。我最好的商業點子，總是在緊鑼密鼓地工作以及在非事業領域裡縱情玩樂之後出現的。

　　暴風雨後一定會有平靜，所以最佳的點子往往出現在洗澡、就寢前，或是比平常早起的時候。當你的世界裡雜訊減少，你又不必關注重要任務時，神奇的事情就會出現。想讓靈光乍現，就去醞釀這種時刻。相信我，我有一些最棒的點子，是躺在吊床上想到的。

睡眠

　　這點雖然放在最後，但絕非最不重要。有很長一段時間 —— 事實上是好幾年，我也是那種聲稱自己不大需要睡很久的人。我有長達十年的時間，每晚只睡四、五個小時。我以為那是遺傳使然，也覺得少睡可以幫助我領先，是一種優勢。我經常一整天精力充沛，有些人偶爾會提醒我睡眠不足的長期負面影響，但我還是覺得不需要睡很久是一種特殊天賦。許多成功人士以不需要太多睡眠聞名，

從美國總統到《財星》500大企業的執行長都是如此。

　　幾年前，就在那十年睡眠很少的時期接近尾聲之際，我剛好結束一份極其繁重的工作，感到筋疲力竭。我到熱帶地區度假，決定做一個實驗：沒有起床的時間表，也不設鬧鐘，我要讓身體睡到飽。為了達到最佳效果，我甚至動用耳塞與眼罩。如果我不大需要睡眠，真的是出自遺傳，那麼這個實驗可以證明這點。

　　結果呢？天啊，我連續六天每晚睡十四個小時。睡懶覺成了一種享受，但睡眠對接下來一整天的影響著實令我大開眼界。我突然變得更聰明、更快樂、更有創意了。事實上，我彷彿脫胎換骨似的。那次實驗後，我就徹底改觀了。我仍然以努力工作為榮，但以前那段睡眠不足的無知過往也令我尷尬。幾年前我開始追蹤睡眠，目的是提升睡眠的質與量。現在我的目標是每晚至少睡七個小時。**多睡點吧！可以的話，試著早點起床。想要為創作營造不受干擾的優質時間與空間，早起是最簡單的方法。**

開始就對了！

　　這一章列舉了多種計策，但重點是：創意確實是人人皆有的屬性，但不實際創作的話，那個屬性就無法展現、強化或精進。所以，這整章是一種自我關照的指南，教你如何為創作提供能量。這些方法不能光想不做，坦白說，既然熟能生巧，你身為創作者，最重要的就是培養規律的

練習，如果能夠天天練習最是理想。

有些人為了達到特定的創作目標，喜歡鑽研一些竅門或「祕技」，我希望你能考慮放棄那種想法。切記，創意不是一種技能，而是一種習慣，一種運作方式。你愈是那樣運作，愈有能力繼續運作下去。關於創意，好消息是那是人人都有的天賦，壞消息是創意的開發沒有捷徑，沒有什麼通關密語可以立即幫你釋放創意。唯一的「祕技」是，一旦你意識到自己的創意，你幾乎可以在生活中的各方面展現，而且發揮創意一點都不像工作。你今晚要做飯嗎？你可以想想如何調整料理方式，給家人一個驚喜，創造出好玩、有趣的菜色，發揮創意就是那麼簡單。

回想一下史丹頓的故事，以及《紐約眾生群像》的創設。失業讓史丹頓明白，他可以主宰自己的生活。適切的架構，讓他可以天天以微小的方式創造願景，持續不斷地改進。還記得他最初的作品與後來讓他成名的作品幾乎毫無相似之處嗎？如果他等到自己想出「完美」的概念才開始拍照，他可能永遠都不會開始。他的成功是來自每天的創作實務 —— 消除基本的干擾，增加簡單的行為，而不是來自卓越又詳細的計畫。創造的過程變成了成果。

同樣的道理也適用在你身上。**今天開始養成有趣的小習慣，不必完美，只要規律創作就行了，這遠比追求一長串你「明天」想要創造的完美事情更重要。**

5 創造空間

「你不是靠節省時間來打造你想要的生活。你打造想要的生活以後，時間自然而然就省下來了。領悟這點，才有可能成功。」

—— 蘿拉・范德康 Laura Vanderkam，
多本商業書作者、講者

　　假設你有一台時光機（這是我的書，規則由我決定，你姑且接受吧！），可以把你帶到歷史上的任一刻。你把目的地調到你最愛的藝術家正要開始創作某個傑作的時刻，例如：激勵你踏上導演之路的那部電影，或是改變你一生的那首歌。

　　在聲光效果下，你穿越時空，回到了那一刻。你看到你的偶像，腦中第一個念頭是什麼？如果你跟我一樣，第一個浮現的念頭可能是：我應該保護創作者的時間與注意力，因為我想確保那個重要的作品創作出來。你能想像事情多麼容易偏離正軌嗎？「大衛・鮑伊（David Bowie）您好，我是您的鐵粉，我愛死您的作品了！這是來自未來的裝置，名叫iPhone。我在裡面裝了一款遊戲，名叫Candy Crush，您一定會喜歡的。」於是，那張經典專輯《Ziggy

Stardust》就消失了。

你造訪偶像那天,他對眼前創作結果所產生的懷疑,就像你看待自己的作品一樣。你很容易干擾到他創作的心流,所以如果你在創作現場,你會不遺餘力地保護他的時間和注意力。

如果墨西哥的傳奇女畫家弗列達·卡羅(Frida Kahlo)問你,上午她應該畫《短髮自畫像》(*Self-Portrait with Cropped Hair*),還是把車子送去修理?這對你來說不是很難的決定:「卡羅,要事先辦!到工作室作畫吧。畫好等顏料乾的時間,再處理車子的事就好了。」事實上,你會告訴她,除了畫畫以外,任何事情幾乎都可以先擱著沒關係。

然而,我們自己創作時,卻很容易陷入奇怪的扭曲思維。最平凡無奇的任務,突然間變得比追求創意職涯更重要。

要避免這個陷阱很簡單:把創作列為優先要務 —— 不過,做起來不是那麼容易就是了。我們為別人(老闆或客戶)安排優先要務時,感覺很直截了當,但涉及自己的事情時,情況就不是那麼明朗了。家中的財務狀況不會自己記帳,Instagram 也不會自己更新,現在不發布訊息的話,大家可能會取消追蹤,以後誰來看我的影片?我沒時間編輯,因為我正在搞 Instagram……,這種瑣事沒完沒了。

時光機的例子顯示,相互競爭優先順位的事情根本不

需要比較。你真正糾結的是，你是否願意重視眼前那件尚未完成的作品。每次你為了要不要按照計畫實現願景而舉棋不定時，你可以問問自己，要是換成別人創作一件你早就知道值得努力投入的作品，你會對那個人說什麼？這樣一來，你就可以打破那個潛藏的情感陷阱了。

想像與口號在推銷時很有效，但無法把你帶到終點。你需要一套架構，把你在第一步想像的未來變成現實，這套架構從規劃一份時間表開始。

時間表是你最重要的盟友

年輕時，我認為時間表是從眾及壓抑的工具，是為銀行家及軍方設計的，不是為創作者設計的。我覺得那些一直叫我使用時間表的長者或智者，只是想限制我的創意。我心想，瑪雅・安傑洛（Maya Angelou）又不擔心她的時間表，她是藝術家，只要等靈光乍現，就可以當場寫出一首動人的詩，不是嗎？不是的。安傑洛總是為創作騰出時間，不僅設定創作時間，也積極捍衛那段時間。梅森・柯瑞（Mason Currey）在《創作者的日常生活》（*Daily Rituals*）一書中，收集了許多知名藝術家的工作習慣，他在書裡提到，安傑洛每天都會到預訂的旅館房間寫作，早上七點以前抵達，一直待到午後才離開。

這其實很合理，詩人比任何人都清楚時間與結構的重要性。安傑洛從來不靠運氣創作，她不會枯等靈感降臨。

我在職涯中經歷過無數次最後期限的考驗，那些從死線逃生的經歷使我學到，時間表是創作者的一大盟友。那是在保護你投入創作的時間，避免生活中的其他事務占用那些寶貴時間的最有效方法。那也是一種強大的工具，可以確保你在休息與恢復上投入必要的時間，精進你的技能，為你打造社群。如果你想知道經驗老道的專業人士如何兼顧多項任務，答案是：他們都是靠時間表。

但是，這不表示你必須堅持朝九晚五的工作時間表，午餐時間只有三十分鐘。**你只要設定一份符合你個人需求的時間表，而且多數時間照著時間表運作，你就會變得更快樂，發揮更多的創意。**時間表不必完美，只要有「不錯」的時間表，就可以幫助你在創作路上走得更遠。無論是早上起床的第一件事先寫作，或晚飯後彈奏兩小時的音樂，還是午餐休息時間出去散步兼拍照，只要時間表有某種程度的一致性，就可以深化及擴大你的創意產出。你為創作安排愈多時間，而不是等候靈感降臨，效果愈好。

不過，話說回來，藝術是無法優化的。這也是為何本書沒有提供一套「提升生產力的方法」，讓大家在一定時間內完成更多的創意「任務」—— 例如，像最早的女性程式設計師之一葛麗絲・霍普（Grace Hopper）在1944年列的清單：「發明電腦程式編譯器。完成。」**這本書的目的，是希望你更認真看待你創作的方式，不僅為創作營造空間，也為玩樂、思考、夢想營造空間。**當下有很多事

情感覺很急迫，但其實沒那麼重要。為了創造出最好的作品，你必須把創意需求擺在那些事情的前面。有時，這樣做可能很難，甚至感覺很自私。

　　嗯，很好。你本來就應該先為自己創作，現在就該放棄「創作『可有可無』」這種討厭的概念。這樣做不僅有趣、療癒、有益身心恢復，對你的成功與福祉也很重要。你經常創作時，會變成更好的情人、伴侶、父母、員工、朋友；最終而言，創作一點也不自私，你是在幫周遭的人一個忙。

　　本章的目的，是希望你可以在創作及生活的其他要務之間拿捏更好的平衡。我想幫你建立一種新的創作實務，或把你既有的創作實務，發展成你一直想要的樣子。那樣做可以大舉提升產出，讓你感受到意想不到的滿足感，但這確實不是一件容易的事。過程中，你必須淘汰那些不適合你的舊方法，以便採用重要的新方法。你可能會覺得很難過，但你可以把它想成一種新的運動：最初幾次做不熟悉又有挑戰性的動作時，會使你全身酸痛，疲憊不堪，但如果你咬緊牙關，堅持照著時間表運作，你很快就會進入最佳狀態。

　　我們總是希望自己受到創作吸引，一頭栽進創作中。持續逼自己投入時，很容易耗盡熱情。當你感受不到創作的吸引力時，你可能是在追求錯誤的目標。事實上，覺得創作缺乏吸引力，可能是你當初購買這本書的原因之一。

　　所以，我建議你照著時間表運作，並不是要你一再逼自己投入，直到你達成目標。**我希望你能夠了解，即使是追求你熱愛的東西，加入一些嚴格的紀律也是必要的。**騰出時間與空間，遠離旁騖和干擾，可以幫你創造動力。慢慢地，你的大腦會開始以點子與精力來填補那些時間。只要你聆聽直覺的召喚，你就是在創作的路上前行，久而久之，創作的吸引力會回來的。

　　在第6章，我會說明如何建立有效的創作實務，如何善用時間與空間來進行創作。目前你只要騰出創作空間並且捍衛就行了，那是你的專屬空間。

忙碌 vs. 高效能

　　面對現實吧！我們把太多時間浪費在對自己無益的事情上，既然時間是最寶貴的資源，我總是很訝異我們使用時間的方式竟然如此漫不經心。在成長的過程中，我一直以為忙碌的人很重要、很了不起，值得同情及特殊對待。我覺得他們很辛苦！我從研究所休學後，開始當全職的自由工作者，實際體會了「忙碌」的感覺。突然間，為了付房租及養家糊口，我有很多事情非做不可，我總覺得每天的時間不夠用。

　　久而久之，在不知不覺中，這種「忙碌」的心態，在我的心裡落地生根。這種心態有誘人之處，每次我告訴朋友我有多忙時，他們似乎對我刮目相看。他們很自然會追

問我在忙什麼？這樣一來，我就有機會談論自己，以及工作對我來說有多麼重要。那感覺很好，彷彿我很忙碌，就表示我很重要似的。我欣然接受了那個標籤，把它貼在身上明顯的地方。

當時，我幾乎沒有任何系統，遑論每天的創作模式了。我把所有案子列在一份潦草的清單上，那時我依然覺得任何形式的慣例都有礙創意發揮。從研究所休學後，一想到回歸結構化的慣例，我就覺得荒謬。當時我想像，在我想要的世界裡，每天都是新的冒險。有段時間，那確實令人興奮。每天早上醒來，我都不知道會發生什麼事。有時，我的工作效率高得出奇，馬上進入狀況，滿腦子都是絕妙的點子。

有時，我什麼事都不想做，整天一事無成。或者，我可能意識到，我錯過一個重要的里程碑，陷入創作瓶頸。最後，我環顧四周，看到愈來愈混亂的局面，突然領悟了一件事：我「忙著」處理的多數事情其實只是雜訊。那些雜訊只會大聲喧嘩，不會咬人，我卻為它們採取一個又一個的行動，但得到的結果愈來愈少。我甚至不確定，在行動之前，我是否考慮過結果。我只是一個帶著相機、忙得團團轉的人。最後，我意識到，始終處於忙碌狀態，其實沒什麼了不起，也毫無浪漫可言，那只意味著我根本搞不定自己的事業。

我應該真正落實「專業攝影師」中的「專業」兩字了。

　　首先，我找出為了推動事業發展，我需要做的事情。例如，為自己的作品集拍攝合適的照片，學習關鍵技能，宣傳我的攝影作品，接到獲利好的案子等，這些都是重要的事。

　　然後，我追蹤每個小時的時間運用。我不需要太多的資料就能看出，一件事情的重要性和我投資在上面的時間毫無關連。到處漫遊，捕捉靈感，感覺很有趣，但樂趣不等於進步，我真正想做的是靠創作獲得一定的成就。在無盡的忙亂中處理那些引起我注意的事情，並不是創作，而是不懂得區分輕重緩急。儘管處理那些事情的當下感覺很好，但做那些事情幾乎都沒什麼意義。

　　當我連續三個月都繳不出房租時，我終於醒悟了。在公寓裡，我懶洋洋地躺在破爛的蒲團上，毫無靈感，對自己感到失望。此時，我的內心突然出現變化；那一刻，我終於決定對自己負責。第一步是什麼？停止美化「忙碌」這種行為。在輪子上奔跑的倉鼠也真的很忙，但牠忙出了什麼名堂？我有更遠大的抱負，我決心不再理會突然冒出來的任何事情，那些能見度高的活動給人一種創作豐沛又風光的假象，但我決定把焦點放在創作的成效上。

　　那番轉變產生了很大的影響。我依然過著充實的生活，但不再老是處於匆忙、混亂的狀態，也不再浪費時間向朋友炫耀我的成就。最重要的是，我發現，專注投入創作其實更有趣、更有成就感。審慎地運用時間，使我比預

期更快獲得成果。每週我都拍出可以收進作品集的精彩照片，或是接到高價的案子。我並不忙碌，日子過得很愜意，但我是高效能的。

從那時起，我發現，我認識的厲害人物，那些在專業領域最頂尖的高手，很少處於我們想像的那種忙碌狀態。**忙碌是一種病，而且是一種致命的病，浪費了寶貴的時間。高效能是指你朝著夢想穩步前進的過程中，認真善用每一分鐘**。最讓我驚訝的是，那些審慎規劃工作的創作者，工作時也非常快樂、有趣。規劃與玩樂不是相斥的，可以相輔相成。

改變的時候到了！別再告訴自己每件事情都必須做得那麼辛苦。**生活中的苦痛無可避免，但你要不要受苦受難卻是可以選擇的**。受苦受難是你面對苦痛的態度，是事情變得艱難時，你告訴自己的故事。創造系統來管理時間與精力後，我開始看到進步。那種進步讓我明白，我不必為創作犧牲自己，也可以達成所有的目標。我終於放棄以前那種有害的想法：追求抱負必須是一場壯烈的奮鬥，不成功便成仁。撕掉「忙碌」的標籤，拒用「忙碌」這個字眼，不讓忙碌主導我的思維後，我更能有效地從生活中獲得我想要的東西。

你知道人生的一大樂事是什麼嗎？追求人生的真正天命，才是樂事。

學會設定優先要務，判斷輕重緩急。艾森豪總統常

說，重要的事情通常不急迫，急迫的事情通常不重要。作家史蒂芬‧柯維（Stephen Covey）把這個概念，轉變成一個強大的矩陣：

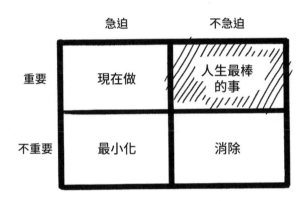

這個矩陣可以改變你的生活，我真希望十年前有人讓我看這張圖。當然，你需要馬上處理重要又急迫的任務，但是為生活中重要但不急迫的活動騰出時間也很重要，否則你所有時間都會被不重要的事情占用。

自我審查：你如何分配時間？

你的時間都耗到哪裡去了？你可能把許多時間花在你覺得很有生產力、但實際上根本沒有成效的事情上。你是不是每天滑手機瀏覽社群媒體好幾個小時？你可以拿「培養粉絲」這個理由輕易搪塞過去。當然，經常掛在社群媒

體上,確實有一定的效果,但少了明確的受眾吸引策略,你不會得到太多成效。更重要的是,如果你不創作東西出來分享,有一群粉絲有什麼用?

想了解你的優先要務究竟是什麼,只要看兩樣東西就行了:行事曆和銀行戶頭。審查你自己,我經常這樣做。例如,最近我懷疑自己出差太頻繁了,這可能聽起來像是有錢人的煩惱,但實際上很多人為了工作,不得不到外地出差,但有些出差不見得是100%必要的。出差一趟可能占用大量的時間,出差讓人覺得自己很重要、很忙碌,卻是浪費時間的典型陷阱。

我總是告訴自己,每次差旅都很寶貴,也很重要,我在飛機上的生產力有多高。才怪!自我審查後,我發現,每次出差就占用每週十小時以上的時間,而且出差時的工作效率,遠不如我願意承認的程度。

例如,CreativeLive的工作室位於西雅圖和舊金山,我在兩地飛來飛去是為了和團隊成員、董事會、合夥人面對面討論,所以這種差旅感覺很合理。但是,仔細探究以後卻發現,這種差旅有很多是不必要的。它們只是「感覺」有幫助,但是我客觀分析後發現,很多會議可以透過視訊電話進行。我讓這種「感覺有生產力」的事情,浪費了我最寶貴的資源,卻擱著真正有生產力又可衡量的事情不做。所以,後來我大量刪減差旅次數,效能也變得更高。

現在換你了,下列是幫助你啟動的清單。

使用線上行事曆或追蹤時間的app來追蹤你的時間，例如蘋果的行事曆app、Google的行事曆、微軟的Outlook，任何你喜歡的工具都行。它不必很完美，把時間切成15~30分鐘的塊狀就可以了。把所有的事情分類，諸如會議、電話、家務、通勤等，填入行事曆中，請誠實填寫。

兩週後，把你投入每類事情的時間加總起來，你會很訝異你的時間運用竟然那麼瘋狂。

問問你自己：你喜歡行事曆上的哪些事情？你覺得哪些時間浪費掉了？

思考你的選項：你是開車上班嗎？何不考慮改搭公車或火車，並有效利用通勤時間？你請得起幫傭，可以利用那段時間寫作，卻選擇自己打掃房子嗎？如果你負擔不起送洗衣物的錢，何不帶著素描本到自助洗衣店畫畫，而不是看手機上的電影？

這項練習的目的，是為了發現你運用時間的方式與你的核心價值觀之間有脫節，不是為了讓你變成機器人。**偷走時間的事情，往往是那些我們不加思索就投入的瑣碎小事，而不是大事。**沒有人叫你不要和伴侶約會，或不要為了重要的工作面試做準備。你需要改變的是盲目的時間運用，而不是重要的事情。仔細觀察你如何運用時間，可以了解你目前的做法，並且維持有效的做法，改變無效的做法。如此一來，你就有更多時間，去做你喜歡的事情。

管理時間本身就是一門藝術，你的行事曆就是一項正在進行的創作，它就像任何書籍、歌曲、畫作的創作一樣，需要發揮創意。每年做幾次這樣的練習，你會發現自己每週花愈來愈少的時間在無關緊要的事情上。

你看過巴菲特的行事曆嗎？他的行事曆幾乎是空白的。你可能會說：「人家是億萬富豪啊。」不過，如果你問他，他會告訴你，他不是因為有錢才有那麼多時間，他之所以有錢，是因為他把時間花在對他重要的事情上。

現在，是為創作這件事，好好發揮創意的時候。

規劃你的創作時間表

規劃創作的時間表沒有標準答案，因為每種領域的創作各有不同的要求。如果你是以油彩作畫，有時你得看油彩的時間作畫，不是你想畫就能畫。如果你想草擬商業計畫，光是整理研究資料，可能就需要二十分鐘，所以工作一個小時可能沒有多大的斬獲，很容易令你失望。你的潛意識會抗拒啟動，因為你覺得一開始的投入沒什麼成果，最好深入挖掘，並且騰出足夠的時間來完成工作。

我自己偏好的做法，是騰出至少九十分鐘來處理一項小型的創意任務。如果是比較繁重的任務，我會至少騰出三個小時的時間。我的目標是每天至少進行三個小時的創作，有外來壓力的話，時間會更久。但拉長工作時間後，我會加倍休息及照顧自己。當然，這不會妨礙我利用空

檔，隨性拍一些照片或用 Photoshop 修圖，時間稀缺時，你會盡可能利用空檔。

每個人都不一樣，**你需要多少時間，才能完成你想要的東西？這取決於你的抱負。**你的夢想對你來說有多重要？你的行為需要符合你的目標，這與生產力無關，而是看你有多積極投入你自己定義的成功。你是為了自己付出。

當你規劃時間表時，需要謹記幾項關鍵要素。我們逐一來看這些要素，這樣你就可以規劃出一張適合你的目標的時間表。你需要積極運用時間，不是讓外界奪走或占用你的時間。

設定步調

你的創作領域需要多久工作一次，才能看到實質的進步？這取決於你踏上創作旅程多久了，以及你在專案的哪個時點可能發現自己。

我建議每天創作，即使只做一點點也好。這種日常練習不見得要在你的主要創作領域進行。沒有時間把陶土放在陶輪上拉坯嗎？沒關係，你可以在部落格寫一篇文章談你的新見解、寫日誌、記下幾個點子以便回工作室嘗試。把這些日常的創意練習，想成運動或冥想：那有助於發展，也是不可或缺的。

必要的話，在日常練習之外，也建立規律的工作時段來練習技藝。靈感通常會在我們工作的當下冒出來，所以

在時間表上排定幾個完全創作的時段，照著執行。當靈感降臨時，心懷感激。

　　從小處做起。無法持之以恆的慣例，就不算慣例了，也沒有效果。如果你一開始就計畫每週進工作室創作六天，你會發現自己很快就開始跳過幾次創作時間。當你每週只有一兩次機會完全投入創作時，你會很努力保護那些時間，避免受到干擾。

設定持續時間

　　我在戶外拍攝時，會一直拍到太陽下山及黃昏的「藍色時段」結束。在攝影中，光線通常決定了工作的持續時間。但我寫作時，就沒有明確的持續時間了。有時，我會在一個新想法的中間停下來，這樣一來，下次動筆時，我會興致勃勃地繼續寫下去。有時，我會把握文思泉湧的時刻，順勢而寫，寫到盡興為止。

　　每種創作媒體都不一樣，即使是同一個創作者，面對不同媒體，也有不同的做法。**你需要設定一條一致的基線，持續達到或超過，而不是設定一個不切實際的期望，然後再為自己達不到找各種藉口。**外面下起傾盆大雨時，到戶外散步拍照一個小時可能太荒謬，但你可以設法堅持十五分鐘，這是你鍛鍊創作力的方式。突破創作的障礙及達成一系列的要求，可以讓我們學到，沒有什麼能夠阻礙我們的創意，除非我們放任障礙擋在面前。

　　對有志創作的人來說，時間似乎是永遠都不夠用的資源。如果你也有同感，你該問自己的第一個問題是：我能做的最少量創作是什麼？這沒有正確答案，取決於你的個性、偏好，以及你選擇的創作媒體。此外，經驗也很重要，隨著創作技巧的累積，你更能有效地長時間創作；遇到時間緊迫時，你也更有能力達成任務。

批次處理類似任務

　　考慮把類似的任務集合起來，一併完成。身為攝影師，我要負責取景、做創意規劃、校正色彩、與客戶合作。身為執行長，我要負責融資、推動公司策略、設定願景、與直屬員工開會。儘管這兩個世界截然不同，把每個角色需要處理的任務類型按順序排列，更能有效處理。批次處理類似任務，使每件事情更容易管理，也不會那麼令人卻步。

　　你可以每天騰出一段固定的時間來處理電子郵件，或是騰出一段時間打電話，不是讓那些活動分散在一天當中的許多時段，它們會從需要你持久專注的任務中竊取寶貴時間。在我的播客上，知名設計師潔西卡·赫許（Jessica Hische）解釋她利用「週一行政日」，專門處理自由接案事業的一切小雜務。**工作時劃清界線，以免受到其他類型工作的干擾，這是需要紀律的；批次處理是避免創作受到日常干擾的實用技巧。**那些干擾貌似急迫，其實一點也不

急，可以等你準備好再處理。

批次處理也不必局限在一天的特定時間，執行特定任務。暢銷書作家萊恩・霍利得（Ryan Holiday）的寫作，分成幾個不同的階段：構思、研究、寫作、編輯。與其把一項創作專案視為一大段不可分割的時間，而且必須充滿神奇的靈感，不如把整項專案分成不同類型的任務，根據不同的需求來分類。明確規劃創作時段，才能盡可能善用你騰出來的時間、空間、腦力。

在效能最好時創作

看看你自我審查時間運用的結果，找出時間表中的開放空間。規劃你的創作時間表時，你應該可以把創作時段輕鬆塞進時間表上夠大的區間中，但還有一項因素需要考量：你的生理時鐘。

丹尼爾・品克（Daniel Pink）在《什麼時候是好時候》（*When: The Scientific Secrets of Perfect Timing*）中，研究人體的自然節律，以及自然節律對工作的影響。無論你是晨型人、還是夜貓子，你的專注力及做出正確決定的能力在一天中變化很大。對多數人來說，下午的精神比較渙散，所以即使午餐後有空檔，在午餐後安排一個小時的寫作時間，可能弄巧成拙。事實上，我在播客上經常問來賓如何安排時間表，多數覺得清晨的效率最好，他們靈感乍現的時間，往往是發生在醒來不久之後，那時他們的務

實腦袋還沒完全啟動。

不過，不是每個人都如此。如果你不確定自己是哪一型，可以先從早起開始。傾聽你的身體，注意它是怎麼運作的，你最了解自己。何時你的反應最靈敏、最有創意呢？早晨三十分鐘的「黃金時間」，可能比睡前兩小時慵懶又無精打采的時間更有效率。**當你規劃初步的創作時間表時，把那些需要集中注意力的任務，排在你最容易專心的時候，把比較單調的行政作業，排在你精神比較渙散的時候。**

盡你所能安排就好，你的時間表會因為你日益了解自己的偏好及創作要求的深度而改變；此外，如果你已經好一段時間沒創作了，創作力也會生疏。如果最近你沒有創作的習慣，剛開始創作的那幾次，無論你在哪個時段開始創作，可能都會覺得很懶散，毫無靈感。撐過一段時間後，你會豁然開朗，並且根據生理時鐘進行調整；在那之前，一定要按照時間表運作。

有時，你每天只有一小部分的時間，而且別無選擇，那也沒關係。與其放棄培養創作力，你可以思考如何調整創作的範圍。把握那段僅有的時間做你能做的事情，無論現在的情況有多麼艱辛，情況總會改變。生病的家人會好轉，小孩會長大獨立，辦公室的混亂會平息下來，主管會離職，甚至你也可能離職。情況好轉後，前面你辛苦維持創意火花的經驗，會讓未來更大的創作專案顯得更容易。

　　你的做法會隨著時間改變，你不必現在就搞定一切，只要先大致寫下你可能投入的創作時段，以及每個時段持續的時間與目的就好了。時間一到，就坐下來創作。

建立工作空間

　　既然你已經規劃出一份創作時間表了，你也應該建立或優化你的工作空間。最有效的做法，就是騰出幾個小時，把需要的工具、設備、用品準備就緒。每個創作者都不一樣，每個創作領域也不一樣，但某些通用的要素，是大家都需要考慮的。

培養積極的心態

　　第一個需要為創作準備就緒的空間，就在你的兩耳之間。那是你放下其他顧慮、全心投入願景的設計與執行時，所需要的情感和心靈空間。**在那裡，你的敵人是心裡的煩憂**。

　　我和一位 CreativeLive 的學員聊過，她正在鬧家庭革命，家人不支持她投入攝影這個副業。但在我繼續追問後，她坦承，她從未真正跟家人談過她的夢想，以及為什麼她需要獨處以從事這項創意工作。

　　我問道：「妳跟妳先生談過這件事對妳有多重要嗎？他知道妳的全職工作使妳痛苦萬分，每次妳接到攝影案子時，總是雀躍不已嗎？」

她說：「他不知道。我沒跟他提過這件事，因為我擔心，萬一我轉行或導致家庭的收入減少，他會怨恨我。」

向外界展現你的創意很難，尤其是在早期階段。但是，如果你願意以誠實、謙卑、關愛、耐心來展開這場棘手的對話——以及其他勢必會跟著出現的對話，你可以卸下極大的負擔。根據經驗，這種對話的進行，通常比多數創作者預期的順利。創作本身已經夠難了，不要再因為你與身邊的人想法不同，扛起額外的認知負擔。

不管你是否需要進行前述這類對話，**找出積壓在你心頭的煩憂，把它清理掉，可以幫你提高生產力。**

找個夠好的空間

一手抓著山壁，另一手拍照，是我最快樂的時候。但是身為攝影師，我依然花很多時間坐在電腦螢幕前。廚師需要向農民採購食材，騰出時間磨刀。你也會有這類任務，所以問問你自己，當你不實地創作時，你需要在哪裡工作？更重要的是，**你在哪裡工作的效果最好？**

已逝傳奇性感女演員兼劇作家梅‧蕙絲（Mae West），一開始是在紐約市某些不知名的教堂舞台上表演才藝。一個世紀後，以MatPat這個名稱走紅的YouTuber馬修‧派翠克（Matthew Patrick）剛開始開設YouTube頻道時，是躲在衣櫥裡拍影片，現在有數百萬人訂閱他的頻道。一開始，想盡辦法找一個可以讓你發揮創意的地方，

盡你所能善用手邊的資源。

　　一個寬敞、通風、採光充足的工作空間——最好能夠看到海景，雖然是理想的選擇，但世界各地多產的藝術家，是窩在咖啡館、餐廳、共用工作空間、公園、空盪盪的大學教室、候車室裡埋頭工作，更別說在公車、火車、地鐵、飛機上也能工作了。不要因為太挑剔工作空間，而導致你從未動手。

　　如今，行動裝置非常先進，幾乎可以執行任何任務，連專業級的照片與影片編輯都能辦到。如果你買一台平板電腦，可以利用通勤時間編輯照片或草稿嗎？買一副降噪耳機可以幫你在火車上或休息室裡集中注意力嗎？如果現在你還買不起降噪耳機，何不改買一副好耳塞呢？

　　無論是學習新的創作技能、創業，還是辭去正職做自由工作者，早期的努力有很大一部分和彈性有關。想想你為了在許多環境中創作，可以做哪些調整或投資哪些工具？這可能是指在你的背包裡，隨時都有一塊素描板，添購行動語音裝置或平板電腦，或是在共用的工作空間租一個位置。**與其希望每天有 25 個小時，你不如問問自己，投資哪些工具可以讓你在有時間創作時，更容易完成工作？**

盡量減少阻力

　　可能的話，你應該要有一個井然有序又整潔的工作空間。你家有哪個地方，可以專門用來創作嗎？可能的話，

為你和你的工作建立一個專屬區域，把你的工具和用品都擺在那裡，以方便取用。如果每次你想創作時，不必從床底下拖出裝滿用具的儲物箱，你更有可能使用那個創作空間。如果你的樂譜和樂譜架可以一直擺在練習室裡，你更有可能經常練習小提琴。我喜歡在工作室裡擺一個大型的白板，以便畫出腦中的概念。如果你無法騰出一個專屬空間，你可以準備一個整齊的工具箱，以便輕易把它提到你那天打算工作的地點。重點是：**隨時想辦法減少那些妨礙你開始創作的阻力。**

設置場景

每個人的需求都不一樣，有些人工作時對任何噪音都很敏感，有些人需要背景有白噪音才能專心工作。我在前文提過降噪耳機，這裡值得再提一次。如果你需要在一個共用區域工作，例如公司的用餐區或咖啡店等，你可以考慮買一副降噪耳機。降噪耳機是過去二十年來我最喜歡的發明之一，這種隨時提供寧靜環境的裝置，幫我更輕鬆因應四處奔波的專業生活。

無論你工作時喜歡聽嘻哈音樂、環境音或白噪音，音樂都是最強大的認知強化工具，而且無須處方就能取得。我在寫這本書時，90％的內容是一邊聆聽Spotify的Productive Morning歌單寫出來的。我寫作時正需要那種清新的背景音樂，沒有歌詞。

不要忽視你的其他感官，在創作空間裡，視覺上的雜亂，也可能阻礙創意的發揮或形成巨大的干擾。你可能喜歡站著工作，或窩在沙發上蓋著被子創作。小說家馬克‧薩爾茲曼（Mark Salzman）工作時，他的貓喜歡跳到他的大腿上，所以他乾脆穿上鋁箔紙做的「裙子」，以防貓咪干擾。設計師兼企業家蒂娜‧羅斯‧艾森柏格（Tina Roth Eisenberg）的貓整天都喜歡跳到她的身上，但她很喜歡那樣的短暫相處，也順便休息一下。**留意環境中有利於你創作及干擾心流的東西，並且採取具體行動來改善空間。**

創造有效率的儲存空間

你可能需要兩種不同的儲存空間：儲存用品的地方及存檔區。創作用品可以是任何東西，例如紙、畫布、吉他弦等。重點是，你要有足夠的庫存、品質不錯，而且又可以迅速找到。存檔區是你收藏成品的地方，如果你是做數位創作，你需要建立一套井然有序的歸檔系統來存放作品。要是我沒有一套仔細建構的系統來存放照片，我不知道要怎麼生存下去。現在也是建立定期備份計畫的好時機，把創作的副本自動傳輸到至少兩個地方，其中一個在雲端。如果你的創作是實體的藝術品，例如雕塑，你可能需要很大的儲存空間。你可以考慮在附近租一個儲物間，以免工作空間裡的作品堆積如山，影響到你的創作。

你的工作空間與時間表，都會隨著創作實務的發展而

改變。到目前為止，你已經為每週的創作定下了明確的時段，也為創作打造了一個空間。接下來，你必須設法填滿那些創作時段與空間，下一章我們會進一步討論。

在繼續談下去之前，我想釐清一點：**不要因為沒有完美的創作環境就不創作**。早在我擁有專屬的工作空間之前，我就已經靠攝影謀生了。早在CreativeLive註冊成立之前，我們是在我的攝影工作室裡，討論那個事業的初步概念。CreativeLive的第一門課 —— 有五萬人在線上參加，是在西雅圖南部一個荒涼地帶的租用倉庫裡開課的。

為創作騰出空間固然重要，但那和創作是兩碼事。做好準備，給自己時間、工具和任何空間，接著就憑著你對那個領域的熱情開始創作吧。開始就對了！

排解障礙

不管你制定什麼時間表，請堅持執行幾週，記下你遇到的任何障礙。一旦你開始上軌道，可以考慮用下列方法強化動能。

克服創作障礙

當你不知如何是好時，你需要知道，你不是在枯等靈感，而是在等待「想要創作」的感覺，兩者是截然不同的。這裡的陷阱在於，我們往往要投入創作很久，才會有「想要創作」的感覺。如果你要等到那種感覺出現才創

作，你會在那裡枯等很久。

才華橫溢的專業文案寫手卡爾・麥考利斯特（Cal McAllister）還在廣告系就讀時，到指導教授的辦公室說他有一項作業遲遲做不出來，那顯然是「文思枯竭」的情況。指導教授對他說：「卡爾，我得說幾句你需要聽的話。你還不夠格陷入文思枯竭的狀態，你還早呢！快回去創作吧。」

教授的分析還真直白，但是創意枯竭是有對策的，你一定要克服那種障礙。暢銷書作家霍利得對此一笑置之，他說：「你能想像『跑者動力枯竭』嗎？去跑步吧。」

遇到動力衰退時，我發現，切換專案很有幫助。對我來說，我適合同時進行五個案子，包括一件大案子、一件中案子、三件小案子。我在一件案子遇到阻力時，可以切換到另一件案子，那可以給我如釋重負的感覺。同時進行不同類型的專案，效果最好；有些案子需要運用策略，有些案子需要動手做，有些案子好玩，有些平淡。我常常切換到最後，又回到第一個案子，當下會突然很慶幸自己是做那個案子，不是別的。我也不明白為什麼這樣切換的效果很好，但確實如此。

騰出特定時段

我抽離CreativeLive的日常營運兩年後，又回去擔任執行長，剛開始有大量的會議塞滿了我的行事曆，把我的

日常創作時間都占光了。為了學習大規模創業的技巧，我放棄了很多自由。不過，等我終於有時間喘息時，我需要實踐本書主張的原則。我必須審查自己的時間表，使它符合我的抱負和價值觀。

那段混亂的日子過了以後，我愈來愈依賴批次處理，我為會議、電郵、電話、其他相關的任務，設定專屬的處理時段。如此一來，我慢慢發現，我可以運用自己刻意騰出來的時段鍛鍊創作力。

落實微創意

我們不要太龜毛，好嗎？即使你無法每週騰出理想的創作時間，要不要訓練創意還是取決於你。在地鐵上寫作或散步時對著錄音app講述點子，都是把微創意擠進日常生活的方法。特別忙碌的時候，每天在社群媒體上發一張照片或寫寫俳句就夠了。壓力最大的時候，正需要維持創作練習。**只要你願意改變預期，微創意活動也可以產生驚人的效果。**再次強調，把你擁有的時間做最好的運用就對了。

辭去正職，不辭也行

顯然這個主題就足以寫一本書來討論了。究竟要不要繼續做正職，因人而異。如果一份毫無成就感的工作阻礙你追求創意抱負，我會建議你考慮辭職這件事。創作實務帶給我們的一大好處是，它讓我們對整個生活有了主導

權。伏案創作或在畫布上揮灑創意讓我們知道，我們確實有能力實現夢想的生活。

如果你想保留工作，但工作又有礙你的創作，那就設法減少工作的影響。CreativeLive 上有很多關於這個主題的書籍、部落格，甚至課程，所以不設法改善做法，只是一種藉口。

此外，現在有愈來愈多的公司，接受遠距工作的概念。你可以改成一週只進辦公室三、四天嗎？或是完全在家工作嗎？你可以找老闆談談。如果你無法獲得那樣的工作彈性，可以考慮策略性地運用假期來創作。與其每年一口氣休假兩週，不如把其中的五天或甚至十天，分散在一整年休掉，讓你每一兩個月就有一整天可以專注投入創作。我覺得，創作一天比在海灘上喝一天的調酒，更能恢復活力。

傳奇設計師施德明（Stefan Sagmeister）以每工作七年、休假一年來恢復創意著稱，在那段休息時間，他並未失去客戶。客戶默默排隊等他回來，他們引頸翹望他早日歸來，因為他們知道，他回來以後，創意會處於大噴發的狀態。

如果你的目標是放棄工作、全心投入創作，你可以把夢想的職涯視為全職工作，把正職視為副業，徹底對調你的優先要務。你要設法繼續前進，當你的創作開始帶進足夠的收入時，你可以考慮以兼差來補貼，例如：當服務生、酒保、開 Uber 或 Lyft，做任何可以加速把創作變成全

職的事。

我經常給人這樣的建議，但往往得到皺眉的反應。這種逐漸轉變的方式，之所以聽起來有悖直覺，是因為文化灌輸我們一個觀念：你必須「全力一搏、賭上整個身家」，才能創造最大的成就。在某個時點，你可能必須破釜沉舟，但一般來說，這樣完全豁出去放手一搏，並沒有必要。在現在這個年代，我們擁有更大的靈活性。如今，在多數領域，我們不再需要為了追逐創意夢想而離鄉背井，也有許多彈性的工作可以用來補貼收入。**在你設計、打造出更好的職涯之前，先不要辭去正職。**

捍衛你的夢想

不管你是否意識到，生活總是不按牌理出牌，干擾與障礙會突然出現，例如你的副業可能出狀況，打亂了你的日常工作，或是你的正職冒出一大挑戰，導致你連續幾週都無法創作。無論外在環境如何，清晰的價值觀與觀點，都可以幫助你安度任何難關，讓你維持創作。現在就打好這些架構，讓它們指引你前進。

回想一下本章一開始提到的時光機例子。在內心深處，我們都直覺知道如何保護最寶貴的資源。只要花點時間徹底思考，我們都知道該把時間花在哪裡。所以，你的態度應該要硬起來，強勢捍衛你的時間。

6 盡力創作

「業餘者才等待靈感降臨，我們其他人都是直接動手創作。我們也相信，東西會從創作本身衍生出來；透過創作，你會撞見其他的可能性，也會敲開你一直坐在那裡枯等『創意點子』時，永遠夢想不到的其他大門。」

—— 查克‧克洛斯 Chuck Close，
美國畫家、攝影師

　　我現在要拆穿你的謊言。

　　多年來，也許是數十年來，你知道你的內在蘊藏著驚人的潛力，等待發揮出來。無論你的夢想是寫書、創業，或是為在地的劇團創作劇本，那個夢想……從未實現過。每次過生日或遇到重要的里程碑時 —— 每當你停下來，退後一步，觀看自己的人生軌跡時，你就會想到那個創作夢想，甚至是你真正想過的生活，依然遠在天邊，等著「有朝一日」實現。

　　為什麼會這樣？這一生，你明明已經做了其他需要持續努力及專注的重要事情，也克服了個人與專業上的挑戰，甚至早就是專業的創作人士了。但不知怎的，你就是還沒完成那個對你的抱負至關重要的創作夢想。

創作出展現自我的作品，幾乎都高掛在每個人的遺願清單上。但是，人生走到盡頭時，那也是大部分的人沒有做到的項目。所以，**究竟是什麼原因阻礙了你？**

如果問題在於目標不夠清晰、明確，希望我們在本書的第一步，已經解決了那個問題。現在，你應該更清楚自己渴望做什麼了。

如果問題在於沒有時間與空間去做那件事，前面兩章應該可以幫你解決問題。

尷尬的來了，你其實沒有藉口；總之，你找不到合理的藉口。

想像一下，你在一個孩子開始畫畫時，從她的手中搶走蠟筆，她會有什麼反應？她會高興嗎？不可能。當我們不願意傾聽創意的召喚時，也是在對自己做類似的事情。壓抑創作的靈感，本質上就是痛苦的。當我們內在那個充滿創意的自我反抗這種壓抑時，我們會開始找各種藉口搪塞，諸如：創意是小孩子或有大量遺產、衣食無缺的人在做的事；或是沒有小孩、沒有房貸的人在做的事；或是父母是成功的創作者、從藝術學院畢業，或天賦異稟的人在做的事。總之，創作是別人在做的事，輪不到你，你沒有資格用那支蠟筆。

然而，**真相是：你崇拜的每位創造者，在某個時點，都曾經處於你目前的位置，感覺陷入瓶頸、感到恐懼或自我懷疑，但都透過持續創作來突破障礙、嶄露頭角。**古巴

裔的美國藝術家卡門・海萊娜（Carmen Herrera）終其一生都在創作開創性的抽象作品，但直到89歲，她才在紐約的畫廊第一次展出作品，一炮而紅。後來，她在惠特尼美術館（Whitney Museum）開個人回顧展，那時她已經101歲了。海萊娜能夠突破障礙、嶄露頭角，你也可以。

創意就像健身，如果你肯接受建議並且努力，把創意培養到巔峰水準，其實沒什麼玄妙之處。你從眾多的節食與運動書籍中尋找減肥的捷徑時，可能會迷失方向，但如果你獲選演出超級英雄的角色，需要在三個月內徹底轉變身材，製片公司會把你交給大家都愛用的好萊塢健身教練。他會教你吃什麼及如何運動，你會乖乖聽教練的話，因為這攸關你的合約，而且你在片中是穿著貼身的緊身衣，全世界千百萬人都會看到。三個月後，你就會呈現出超級英雄該有的模樣，而且過程中你為了練出驚人的腹肌，沒有使用任何速成法或捷徑。你只需要聽從指示，確實執行就好了。

準備好了嗎？

思考你的總體計畫

一開始，發現自己有時間發揮創意時，你可能會感到害怕，裹足不前。你可能很想知道，你究竟應該把那個時間拿來研究裝備、訂購名片，還是更新網站。你會想做一堆事情，除了「實際創作」以外。雖然做那些事情在某些

領域確實有益，但是說到技藝的磨練，你還是應該「要事
先辦」——盡量提升創作量，才是最重要的。

　　不管你從這一章學到什麼，**切記，唯有停止東摸西
摸，開始創作，你才會變得更好**。久而久之，品質自然會
跟上來，但你需要產出很多東西，同時盡量減少自我批
評，也不要浪費寶貴的時間一直改善工作流程，卻沒有實
質的創作產出。

　　在這種新的生活方式中，你的首要任務就是實際動手
創作。但是，話說回來，你為創作方式所做的決定，將徹
底影響創作的結果。

　　那麼，什麼是「總體計畫」呢？這一章是探討如何幫
你做好準備以創作許多作品，這裡會談到如何給自己指派
任務，訂定最後期限，挑戰自己，以便持續精進技藝。你
可能已經是專業的工作者，但不喜歡目前接到的案子。如
果是這樣，你需要指派任務給自己。客戶需要先看到你已
經有作品顯示你足以勝任類似的案子，才會把難能可貴的
任務委託給你。但如果你還沒做過類似的案子，如何讓客
戶委託你做呢？這種矛盾該如何解決？你指派給自己的工
作，需要看起來像你希望別人雇用你去做的工作。注意，
這裡所需的紀律，在任何「創意」的定義下都找不到。如
果你說：「等等，沒有人教過我創意還需要『規劃』？」
請深呼吸，繼續讀下去。

　　處理創意挑戰時，給自己設定最後期限，可以幫你

做出最好的作品。我也很贊成追求小成果，但是若要實現更高層次的願景，那需要抱負、致力投入，以及最重要的 —— 沒錯，就是意念。你希望六個月、十二個月或十八個月後，在那一行發展到什麼程度？你如何達成？穩札穩打，逐步前進。你讀到任何「一炮而紅」的例子，其實都是醞釀十年的結果。但是，別忘了，在老闆注意到你的產出品質大幅提升，或其他人看到你的名字之前，你還是會體會到很多成果與好處，那些都很值得珍惜。

切記，一切都是從你的創作量開始。反覆練習，才能精進技藝。

從小處啟動

即使你很清楚自己想做什麼，即使你亟欲開始動手做，你可能還是會感到有些迷惘。我們可能知道自己想畫畫、跳舞或唱歌，但一開始嘗試，就像使用非慣用的手簽名一樣笨拙。剛拿起相機或吉他時，感覺很奇怪，不自在。當你沒有時間和空間創作，你可以輕鬆想像你可能做什麼，但現在你沒有藉口了，剛起頭的焦慮是真實的。

所以，一開始先慢慢來。如果你才剛投入創作，請從小處著手。「好，我先暫時擱下長篇的美國西部三部曲，專注寫一部中篇小說。」

你應該選更小的東西，我們的文化對規模過於癡迷。**在你創作的那個領域，你能完成及分享的最小形式是什**

麼？創業者的目標是「最簡可行產品」（minimum viable product, MVP），只要有足夠的功能讓顧客實際使用並提供意見回饋，以利後續改進就行了。

　　同樣的原則也適用於此。如果你正在學習一項新技藝，例如編織，你的第一項計畫可能只需要完成指導手冊裡的第一堂課程。如果你想成為作家，你的第一次創作可能是寫幾百字的「微小說」。如果你對創業有興趣，可能是做出「最簡可行產品」，寫一個只有單一實用功能的app。**最初作品無論優劣、美醜，或有沒有人付你一毛錢都不重要，重點是你完成了一件作品。**

規劃創作時段

　　最優秀的創作者是有計畫地開始工作，但不會太死板。他們會規劃一個大致的計畫，確定如何利用可用的時間，同時為機緣巧合預留一些餘裕。在架構與彈性之間拿捏平衡，有賴經驗的累積。你不需要藍圖，只需要一個方向。當你隨著新資訊應變或察覺靈光乍現時，計畫可能改變。但是，完全沒有計畫就直接投入創作，幾乎一定會失敗。

　　創作計畫是什麼樣子？那可能是在白板上迅速寫下幾個重點，以便與創意夥伴進行腦力激盪；可能是在app裡列出一份待辦清單；可能是一份素描或快拍。細節多寡取決於那件作品攸關的利益及參與者。理想的情況下，創作計畫是在你可用的時間內，規劃你能設法完成的一件作

品。妥善估算時間，需要經驗的累積。

　　創作內容的目標，視創作的性質而定。那個目標可能是量化的，例如：寫500字，或在日落前的「魔幻時刻」拍10張合成照。那個目標也可能是質化的，例如：完成交響樂第二樂章的編排，或是在影片製作軟體Adobe After Effects中為影片加入片頭名單。無論內容是什麼，你都需要預先制定計畫。不要等到你站在工作室裡，才決定你要做什麼。我認識的一些專業創作者，堅持在創作的前一晚就確定計畫，這可以給他們一點時間去醞釀點子；這樣一來，當他們開始動手創作時，已經胸有成竹，準備就緒了。

　　另一個關鍵要素是，那個創作時段要完全用來創作，別用來處理後台的雜務。創意工作需要非創意工作的支持，例如安裝軟體、測試工具、學習新技能等，但不要在創作時段搞那些雜務而耽誤了創作。創作時段就應該致力於創作，不要瀏覽Instagram，觀摩類似的作品，也不要「做研究」，不要看網站的後台分析數據。Adobe的產品長史考特‧貝爾斯基（Scott Belsky）是創意的支持者，他稱那些非創意的活動為「不安的工作」。我們用那些活動來分散注意力，安慰自己那些活動符合計畫目標，所以對我們有幫助。但是，那些事情根本不是工作！你只是想找多巴胺刺激罷了。所以，你需要劃清界限，把那些事情排除在創作時段之外。

小心靈感突襲

拳擊手兼哲學家麥克・泰森（Mike Tyson）曾說：「在突遭迎面痛擊之前，人人都有計畫。」

無論你的創作計畫是什麼，一旦你開始做別的事情，靈感總是會以一種奇怪的方式乍現。在我們無法當下馬上付諸行動時，點子反而會源源不絕地冒出來，這不是巧合。當我們漫不經心地做其他的事情時，往往是靈感最多的時候，例如摺衣服、洗澡或步行去搭公車。我的靈感通常是在剛睡醒、做晨間的例行活動、烹煮三餐、躺在吊床上，或欣賞藝術品時出現。

諷刺的是，創作過程中無可避免的間歇期，可能正好是創意湧現的時候。然而，那些突如其來的靈感不是毫無緣由的，而是大腦為了讓你停下手邊工作的招數。新鮮的點子總是比進行已久的專案更吸引人，但新點子有個潛藏的麻煩，它會讓人覺得停下手邊正在進行的工作，馬上把靈感付諸行動，更有生產力。畢竟，我們是有創意的，必須在靈感降臨時馬上把握，採取行動，不是嗎？

這裡你需要遵守的原則是：把新點子先寫下來，繼續完成你已經啟動的計畫。這是規劃創作時段很重要的原因之一：它幫你專注在任務上，避免你偏離正軌。

心理學家米哈里・契克森米哈伊（Mihaly Csikszentmihalyi）創造的「心流」（flow）一詞，是指我們進入「化境」（in the zone）時，輕鬆達成的專注狀態。許多因素可促使人進入心流狀態，但那無法像電燈開關那樣自由切換。那種狀態來來去去，可遇不可求；無論如何，你還是得繼續工作下去。在心流消失的空檔，我們才會注意到所有令人分心的誘人事物。如果我們不養成紀律，把不相干的靈感先寫下來，繼續完成眼前的工作，我們永遠無法回到心流狀態，也無法完成任何事情。

　　所以，你需要為創作時段設定目標，堅持下去。創作的當下若是靈感乍現，先隨手記下來或畫下來即可，然後立刻把它拋諸腦後，繼續執行原本的計畫，完成眼前的創作。

建立啟動儀式

　　優秀運動員和其他卓越的行家，會運用一些身心儀式幫自己做好準備，許多創作者也是如此。儀式有助於穩定意識（意識是一切抗拒與分心的根源），並激發潛意識的創意。建立一套有效的儀式，是幫助你進入化境、盡情揮灑創意的好方法，你可以考慮做下列這些事情。

設定願景

　　在第4章，我提過「觀想」有助於達成目標。**觀想也有助於創作流程，在實際動手創作之前，可以先在腦中想像你想做的東西**。研究顯示，實際動手前，先在腦中想像任務，可以減少錯誤及提升績效。既然你今天已經有創作計畫，你可以在開始創作之前，花點時間想像你創作的樣

子，想像的細節愈詳盡愈好。清晨坐在咖啡桌前，你可以想像自己徒步到一個特定地點，趁太陽升起時，在山脊上取出攝影裝備，準備好拍下第一張照片。在腦中逐一想像每個畫面，從第一口咖啡的味道到手指按下快門的感覺。想像你創作的領域需要做的任何事情，事先在腦中演練一遍。如此一來，實際動手時，感受到的阻力比較少，更容易進入心流狀態。

背景音樂

上一章提過，**合適的音樂或環境音，可以讓人有效進入心流狀態**。我很喜歡靠歌單進入最佳的創作狀態。你實際創作時，不必挑選跟我一樣的音樂。在開始創作之前，你可以先聽超脫樂團（Nirvana）的音樂，讓自己振奮起來。如果歌詞容易令你分心，你可以改聽大提琴家佐伊・基廷（Zoë Keating）的《樹林間》（*Into the Trees*）專輯。

你可以多方嘗試，等你找出哪種音樂最適合你之後，每次創作都播放同一份歌單一段時間。這種一致性可以訓練大腦進入創作狀態，啟動的儀式愈一致，啟動的流程愈自動化。

設法減少干擾

移除令人分心的任何東西，最好讓你無法輕易取用。啟動手機上的「勿擾」功能，或者乾脆關機，把手機放在

另一個房間裡。研究顯示，光是把手機放在旁邊，就足以降低你的注意力和效能。你也可以使用專門的軟體來阻擋社群媒體和其他干擾，無論你選擇什麼工具和方法，減少干擾心理的雜訊都是關鍵。

擺脫實體干擾也是關鍵。辦公桌上有一堆報稅文件時，你不會想要畫畫。視線範圍內的東西，幾乎都可能觸發思考與感受，所以最好移除那些干擾和煩惱，以令人振奮及鼓舞的東西來取代。

日誌與時鐘

我知道很多設計師習慣記錄工作的時間，藉此維持工作進度，也學習如何妥善估計時間，以及那些時間對客戶的價值。最好記下你在工作上花了多少時間，以及你在創作時段完成了什麼。那不大費事，只要建立一個名為「日誌」的文字檔就行了，並且在你開始工作之前，先記下：

早上08：15　任務：為漫畫書的第12、13頁上色

這招不是每個人都適用，但如果你是按小時工作的創意型自由工作者，或是渴望某天成為自由工作者，學習估算完成工作所需的時間很重要。

在每次創作時段結束時，比較你的估計和實際完成的狀況。某些任務的時間容易高估，某些任務的時間容易低估，這很容易導致拖延。追蹤時間可以幫你規劃時間表，預

測專案，並為工作訂價。把時間當成寶貴的投資一樣看待。

　　時鐘也有其他的用途。電音三人組Glitch Mob的賈斯汀‧伯雷塔（Justin Boreta）介紹我番茄鐘工作法（Pomodoro Technique），那是義大利學者法蘭西斯科‧西里洛（Francesco Cirillo）於1980年代發明的方法。這種簡單有效的技巧，可以幫人突破創意障礙，持續進行需要長時間專注的任務，例如寫作或作曲。做法如下：**以計時器設定25分鐘，不間斷地工作。25分鐘結束後，休息5分鐘，這就是一個番茄鐘** —— 西里洛使用的烹飪計時器狀似番茄，義大利語是Pomodoro，故名為番茄鐘。**完成四個番茄鐘以後，休息15分鐘，如此重複進行。**

　　這種方法最初在學術界廣受歡迎，許多創作者也跟進使用。伯雷塔已是搖滾明星，他說這招「太神奇了！」如果你覺得自己工作時很容易受到干擾或分心，可以嘗試多種番茄鐘的app，或是研究一下其他變型的技巧。

當責

　　有些人在工作上可以盡興發揮創意。上頭有個老闆的優點之一，就是你需要克盡職責；缺點是你無法掌控自己做的事情。例如，如果你在一家公司擔任平面設計師，老闆會直接告訴你，你應該設計什麼、它的目的、完成期限等。這聽起來是否有趣不是重點，不管你的上頭有沒有老闆，問責制都一樣麻煩。你上頭有老闆時，你通常不想擔

負責任；你自己當老闆時，也難以要求自己扛起責任。

　　但這無法改變一項事實：**問責制是專業人士與業餘人士的區別所在**。別讓「專業」這個詞彙，影響了你的判斷。你的創作有沒有報酬並不重要，如果你想要完成工作的成就感，你就需要對自己負責。

　　沒有人告訴佩蒂・史密斯（Patti Smith）接下來該寫什麼歌，但她的作品多到令人難以置信，因為她要對自己負責。她想創作新歌時，就坐下來寫歌。真正的創意自主性，就是如此美好又驚人。無論你在外界獲得多大的名聲與成就，身為創作者，你是少數萬中選一的人才，你需要自己主動踏進工作室，釐清你接下來要做什麼。

　　這不表示，萬一我們靈感枯竭或不是全職的專業人士，就得不到幫助。我們總是可以找人合作（詳情請見第10章），創作者也經常與其他創作者交流，他們會談論自己正在做的作品，也會討論未來的創作計畫。每當我們執行計畫失去動力時，一想到朋友和同儕可能會詢問進度，就會刺激我們繼續下去。當別人知道我們正在做什麼時，無端放棄會變得很尷尬。

　　這種問責的夥伴，可以避免你偏離正軌。那個人可以是你的朋友、伴侶或同儕，你可以請他關心你的進度。那個人也可以是專業的合作夥伴，例如出版社的編輯、人生導師或共同創辦人。你也可以找一群志同道合的藝術家，透過社群媒體或任何問責app，要求彼此負責。

如果你是作家，可以考慮加入 NaNoWriMo 之類的社群挑戰，NaNoWriMo 是 National Novel Writing Month（全國小說寫作月）的縮寫。二十年來，世界各地有成千上萬名作家，在每年的11月完成一部五萬字的小說。NaNoWriMo 在社群媒體上有群組，也舉行面對面的聚會和其他活動，目的是建立問責制，鼓勵每位參與者實現目標。在電影、劇本、詩歌、詞曲創作，甚至電腦程式等領域，都有類似的組織。如果你的創作領域還沒有這種組織，你可以自己創一個。

重點是，**一旦有了問責的來源，你需要想辦法把那股問責的力量整合到創作流程中。**你在啟動專案之前，會先發簡訊給夥伴，並在結束時，再發一封簡訊嗎？你會定期上 Slack 更新近況嗎？你真的會去某個地點和其他藝術家一起創作嗎？你想要以什麼方式把問責制融入工作流程中，取決於你。如果你需要協助才能讓自己負責，那就尋求幫助，然後回去創作。

最終，一切還是要歸結到創作本身。一旦你準備好了，就應該開始創作。在《寫作課》（*Bird by Bird*）一書中，安・拉莫特（Anne Lamott）給作家的建議，也適合所有的創作者：「對我和我認識的多數作家來說，寫作不是下筆如行雲流水的樂事。事實上，要我寫出任何東西的唯一方法，就是先寫出很糟的初稿。」

沒錯，你需要先創作出很糟的初稿，就那麼簡單。你

需要先允許自己創作任何東西，不做評斷，不管腦中那個自我批評的聲音怎麼說。第一張照片、網站的第一個線框稿、創投簡報的初稿 —— 萬事起頭難。

大量創作

你剛開始規律創作，或在抽離很久以後重新開始時，才華不會突然大量湧現，通常情況正好相反。想像一下，你在一間久無人居的舊公寓打開廚房水龍頭的情況；一開始，你看到流出來的水呈現土棕色是很正常的。公共廣播電台的主持人艾拉・格拉斯（Ira Glass），把這種脫節的現象稱為「創意落差」，那是我們腦中想像的畫面（我們想創作的東西），和現有技能實際創作之間的距離，那是一種痛苦的脫節。

我和凱特帶著祖父的相機去歐洲旅行時，體驗到那種落差。我對攝影充滿了熱情，也知道自己的眼光不差，但我的攝影技巧還不足以拍出符合我腦中影像的照片。每次我們為了沖洗底片而省吃儉用時，總是要面對那種令人沮喪的落差，那使我每次都想要放棄，心想：「安妮・萊柏維茲（Annie Leibovitz）應該沒經歷過這種痛苦吧？」好吧！也許某些人與生俱有那個創作領域的罕見基因，其他人只能靠反覆練習，勤能補拙。

格拉斯建議：「你要知道，那是正常的。你能做的最重要事情，就是大量創作。唯有透過大量創作，才能縮短

落差，你的作品才能達到你期望的境界……你必須自己下功夫。」

大量創作？感覺似乎沒那麼簡單，但事實就是如此。科學研究、我自己的觀察，以及我認識的每個創作者的經驗都顯示：歸根結底，**創作量是縮小創作落差最重要的基準。**

怪的是，我們一開始創作時，往往會竭盡所能說服自己相信，創作量以外的某件事更重要。例如，我們可能以為換新的鏡頭，才是拍出好照片的關鍵；換個功能更好的程式，才能創作出好作品；拿到MBA學位再創業或開發app，比較懂得如何靠產品獲利。這種創作前要先搞定的事情，似乎多得不勝枚舉。

成功的創作者則認為俗話說得好：「拙匠埋怨工具差。」調整創作環境是不錯，試圖改善流程也有幫助；但是，在做那些事情以前，先以現有的相機拍幾張照片吧！先寫下大量文字吧！即使你只有鉛筆也沒關係。你應該把前述的那些衝動視為一種逃避，說到底，那些衝動都是因為你擔心，萬一你真的創作出東西，就必須面對現有技能的真實狀態，接受自己還有很大的進步空間。

這很痛苦，但我發現，直接接受那是很正常的現象，有助於抒解不安。往好處想是，透過大量創作，你會開始發現自己的獨家風格。對任何老練的專業人士來說，風格就是指標。你從風格就可以一眼認出奧斯卡金像獎導演阿利安卓・崗札雷・伊納利圖（Alejandro González Iñárritu）

的電影 —— 飽滿的動能、流暢的長鏡頭、強烈的現實感。無論導演《駭客任務》三部曲的華卓斯基姐妹（Lana and Lilly Wachowski），是在刺激我們質疑現實的本質，還是在呈現令人瞠目結舌的動作場面，你從電影的單一畫面就能認出那是她們的作品。她們的每部電影都與不同夥伴合作，但每部電影都可以明顯看出她們的風格。**風格可以模仿，但你需要創作許多作品，才會出現個人風格。**

很爛沒關係，先做出來再說

你的大腦知道你即將創造出某種東西，也就是說，你即將面對外界的評價。它告訴你：「這是威脅。」於是，它啟動「戰或逃」的反應，你的腎上腺素開始狂飆。你心想：「我為什麼冒汗？」有個聲音開始說話：

「這好蠢。」

「我累了。」

「等我有心情再做。」

「我現在沒有足夠的時間，做任何重要的事情。」

「這個已經有人做過了，而且做得更好。」

「我確定要這麼做嗎？」

這些說法看似可信，但你其實是聽到原始大腦想要保護你的聲音，那不是你的直覺。你的直覺是最初讓你躍躍

欲試的那個感覺，會在你創作出很糟的初版後，幫你精進作品。你對抗這些聲音的唯一方法，就是把它視為防禦性的反射，一種退縮，別去多想。接著，塞住耳朵，阻絕那股聲音，繼續埋頭創作，直到你以純然的毅力改造那股聲音。

在我的播客上，演出《藥命俱樂部》奪得奧斯卡金像獎最佳男配角獎的傑瑞德‧雷托（Jared Leto）說：「我因為累積很多失敗，所以小有成就。」**為了成功，你需要接受失敗，擁抱它，告訴自己，你要做的事情需要下大量的功夫，失敗沒關係；事實上，失敗很正常。**允許自己創作出「很糟的初稿」，至少先把東西生出來，爛也沒關係，請給自己這樣的權利。

Execute 執行

執行策略，突破障礙

7 做久成真

「人生的重大祕密就是沒有祕密。無論你的目標是什麼，只要肯下功夫，就能實現。」

—— 歐普拉 Oprah Winfrey，
脫口秀主持人、《時代》百大人物

　　一旦你建立了正確的心態，宣稱自己是創作者，開始創作、啟動新專案、創立新事業等，你會突然以一種新的方式來感受世界。

　　大腦是人類已知的宇宙中最好的模式辨識器，但它需要有人指派任務。大多時候，你不會意識到大腦的運轉，但我們的感官無時無刻不接收大量的訊息轟炸。事實上，人不是只有五官，神經學家已找出至少九種感官，實際的感官種類可能多達二十種，甚至更多，從本體感覺（知道自己的身體位於空間中的何處），到讓你知道自己臉紅的膚覺都算是感官。那些感官無時無刻不在接收訊息輸入，所以大腦每秒在不知不覺中，處理數十億位元的資訊。它會篩檢所有的資料，找出威脅與機會，並且過濾掉其餘資訊。改變心態時，你也改變了大腦的篩檢方式。

　　現在你就可以試試看，環顧你所在的房間，仔細觀察，細數你看見的紅色物體。先去數吧，我等你。

　　好，剛剛你看到多少個綠色的東西？

　　你不禁反問：「等一下，剛剛不是說數紅色的東西嗎？」當你尋找紅色的東西時，只會看到紅色，完全沒注意到綠色的東西。

　　如果我請你注意周遭的世界是多麼色彩繽紛，那你的觀察結果又不同了。當你告訴大腦你在尋找各種顏色時，你會開始注意到色調、色澤、飽和度、濃度，對顏色會變得非常敏感。你大腦中平常阻止那些細節進入意識的篩檢器突然都移除了，小小意圖的轉變，使你對顏色的意識暴增。當下，你的大腦正積極尋找顏色的意義與關連，所以你不會想到你的停車罰單還沒繳費。

　　這就是創作思維運作的情況。當你執行計畫時，情況也是如此，你不得不以全新的視角看世界，而且這不見得是視覺的。在你創作劇本時，可能在公車上或辦公室裡無意間注意到日常對話的音感。當你試圖了解日常對話的「音調」時，可能會開始寫下你聽到的東西。

　　對我來說，現在也是如此，我正在寫這份手稿，沉浸在創作的過程中，同時努力思考創作本身。我剛剛在外面走了一小段路，那感覺像一陣感官超載，顏色、聲音、氣味一擁而上。大腦很擅長處理這些感官刺激，只要我們要求大腦執行任務，它就會克盡職責。

　　重點是，你必須開始創造、創作、發揮創意，才能啟動這個第六感。**積極投入創意計畫，可以釋放你的直覺力。**

　　本書的前半部，探討「想像」及「設計」你的創意職涯；這一步，尤其是這一章，則是探討行動的力量。我不是建議你不加思索就穿越車水馬龍的公路，也不是建議你在檢查降落傘之前就跳下飛機，但是在創作方面，你應該先啟動才思考。先做太多規劃是陷阱，你可不要陷入了。與其在動筆前先設計完美的小說劇情，你應該接受這項事實：你需要先寫幾份糟糕的草稿，才能夠逐漸釐清狀況，所以直接動筆寫吧！抱著玩樂的心態，享受那個過程。寫六種不同的開場，再淘汰其中五種，過程中你會想清楚很多事。

　　我發現，這是許多有志投身創作、但經驗很少的人所面臨的一大障礙。我們的人生花太多時間為行動做準備，回避評斷，或者努力融入。一想到要在毫無計畫下採取大膽、激進的小行動，即使只是在白紙上寫字或畫畫這樣無關痛癢的事，也令人恐懼。以後別再這樣了，讓我們把創作和穿越公路或跳下飛機之類的行為分開來看。

　　行動需要致力投入，不能只是涉及表面。走路時張大眼睛，你會自己導正方向，抵達你想去的地方。決定你想達成的目標後，接著便朝著那個目標邁出最小步。

　　我已經談過，我如何以一種笨拙不堪的方式實現攝影夢想，但幾乎每個白手起家的成功例子，都是使用大同小異的方式。提摩西・費里斯出版第一本書時默默無聞，那

本書剛出版時，他去參加「西南偏南」（SXSW）、消費電子展（CES）等科技大會，現場沒人認識他，他也不認識任何人。他唯一能做的，是堅定地宣傳自己的創作。他為了寫那本書，已經付出很多心血，現在該是為自己及創作願景挺身而出的時候，但是該怎麼做呢？

一開始，費里斯並沒有把焦點放在參加研討會上，因為那對宣傳著作沒有多大幫助。他直接去演講者的休息室附近逗留閒逛，沒有人能阻止他與那些科技名人交流。那需要鍥而不捨的堅持與一些練習，但是兩、三天下來，他認識了一些科技部落客，那些人對於這位能言善道、充滿活力的真誠作家感到好奇。費里斯能夠自然地把對話轉向自己，說他才剛出版第一本書，書名是《一週工作4小時》（*The 4-Hour Workweek*）。由於書名充滿吸引力，再加上費里斯擅長與人交談，許多部落客開始向其他人提及那本書，也在撰文及社群媒體上提及。費里斯為了宣傳那本書，確實做了很多其他事情，但他認為早期部落客的口耳相傳，是掀起該書暢銷風潮的火花。這種「親自上場、實際下功夫，讓結果自己說話」的概念，不是費里斯發明的，你想讓作品嶄露頭角，也不需要自己發明其他方法。

安迪‧沃荷（Andy Warhol）以堅持不懈地創作聞名，從來不讓任何計畫的成敗牽累了他的創作動力。他說：「不要去想那是藝術創作，把它完成就對了。讓其他人去判斷優劣好惡，當別人評斷時，你繼續創作更多的藝術。」

相信直覺，動手去做

　　本章一開始提過，身體每分每秒透過感官接收數十億位元的資訊，理性的大腦清醒時為了正常運作，必須篩除或抑制大部分的資訊，以便我們完成基本任務，例如避免我們走路時撞到牆，或是從懸崖上摔落。大腦的其他部分，甚至整個身體，可能依然在處理那些外來的資訊，但它們是以一種更全面、較不具體的方式儲存資訊，這是大家稱為「gut」的原因（gut有腸子、五臟六腑等意思，後來衍生為「直覺」。）那是一種身體智慧，可以「知道」或「感覺」到大腦未察覺的東西，例如「別走那條暗巷」、「這本書看起來很有趣」、「那筆交易不像表面看起來那麼好」。直覺是我們不完全理解的工具，但它使人類這個物種得以存活下來。你不理會直覺的話，吃虧在眼前。

　　每次開始創作時，你需要把直覺運用在創作上。直覺的篩檢功能會注意那些攸關目標的想法與靈感，觀想與目標設定之所以如此強大有效，都是拜直覺所賜。你的體內有一台神奇的超級電腦，它只需要指令與程式就能運作，你愈擅長把正確的事情委派給直覺處理，效果就愈強大。

　　直覺引導我創造出兩大專業成就：Best Camera和CreativeLive。在這兩個例子中，一開始我只有深刻的感受，直覺認為有趣的事情正在發生，在那之前我完全沒有想到任何策略。Best Camera和行動攝影的風潮有關，

CreativeLive和線上學習有關，在這兩件事上，我都沒有理會反對者的猛烈抨擊，因為直覺告訴我，那裡肯定有值得探索的事情。前進就好像被磁鐵吸引一樣，我是受到一種魅力的牽引。在這兩例中，我的直覺都證實是對的。

　　但是，我們也可能搞砸直覺。怎麼說呢？很簡單，因為想太多，結果弄巧成拙。智慧是一種美好的東西，但你不能以它作為唯一的嚮導。深入傾聽直覺時，它會告訴你，你是否仍在正確的路上。傾聽召喚，循著你的道路前進，執行，然後重複這個步驟。

遭遇逆境，如何破關？

　　在創作的過程中，難免會遭遇逆境。從躍躍欲試的新手到熟練的創作者之間，有一座陡峭的大山，沿途山路泥濘，你一定會遇到困難，不可能光靠思維去超越障礙。當你遇到困難時，規劃早就結束了，只要行動就夠了。

　　我從研究所休學，開始靠攝影工作獲得不錯的收入時，不禁覺得我好像已經搞定人生了。我是自學成才的，不認識半個同行，但我做的事情跟其他專業攝影師一樣：拍照，出售照片賺錢。任務完成了，對吧？

　　但後來，蜜月期結束了，我進入可怕的考驗期，體會到工作的種種艱辛磨難。我因此意識到，我還有很長的路要走，未來還需要下很大的功夫，還有很多挑戰等著我。事實上，我完全是個局外人，沒有人知道我是誰，我根本

不是攝影圈的人。沒錯，我似乎兼具技能與才能，足以獲得有償的工作，但我在攝影這一行依然走得很辛苦，這不是我多年前做白日夢、吃泡麵時所想像的成功。我想要更多：和最好的客戶共事；每件案子都能充分發揮創意自主權；收取頂級的價格。也就是說，我想要觸及頂層市場、取得自主權、獲得豐足的報酬。沒錯，我確實掙了一些錢，但如果工作是為了薪酬的話，我繼續攻讀醫學院就好了。問題是，我不知道該如何從當下的境況達到我想要的目標。

很多人走到這個時點，便開始停滯不前，有些人甚至因此放棄了。我們奮力爬上懸崖，才發現自己仍在山腳下。有好幾次，我不禁萌生了這樣的想法：「那座山看起來比照片上大得多。」我們獨自站著，向上凝視，試圖找

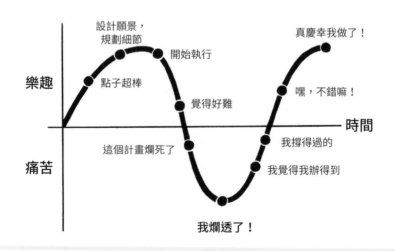

出捷徑，想方設法，希望可以不用一步步地爬上去，但眼前的大山依然橫亙在眼前。

對我來說，那是一個轉捩點，我很容易陷入低潮或逐漸淡出攝影圈，我很感謝內心深處有一股力量把我推回正軌。內心有股聲音告訴我，你該停止胡思亂想，開始行動了！但腦中的負面聲音一直在扯後腿，我無法光靠思維把自己拉升到另一個境界。如果我想成為專業人士，至少舉手投足要先有專業人士的樣子。

前文提過，我把我為REI公司及其他客戶拍攝照片所獲得的報酬，拿去添購基礎的專業配備。我自掏腰包前往全美各地的滑雪場，為我的作品集尋找潛在的攝影主題。我自己這樣土法煉鋼幾年後，才獲得業界資格，站在「正當」的地方拍攝「正當」的照片，不必提早偷偷摸摸地溜進現場。那些辛苦都不重要，如果我要等到獲得守門人的許可才能做那些事情，我應該還在痴痴地等。

我利用信用卡累積的點數兌換機票，睡在租來的汽車裡或朋友的沙發上，大量採購底片以壓低成本，或是採買打折的過期底片。為了盡可能接近夢想，我無所不用其極。

只要會拍照，都算是攝影師，但專業攝影師有本事出售照片，那才是我想要的，所以我也那樣做，一再販售我的攝影作品：在世界極限滑雪錦標賽上，在奧運會的資格賽上，在紅牛大賽上，在任何我能抵達的賽事上。我拍攝照片，把它們寄給雜誌。突然間 —— 也許不像我想的那

麼突然，我的作品開始出現在那些資深專業攝影師的照片旁邊，他們有豐厚的預算、媒體資歷，名氣過人。他們的照片是在封面上，我的照片是第78頁的縮圖，但我的名字會列在每張照片的旁邊。後來，這招慢慢開始奏效了。

為什麼會奏效呢？因為我實際去做了。

我無法光靠腦子思考去克服難關，我從來不會只坐在書桌前構思巧妙的計畫，以便讓自己更上層樓。對我來說，想要改變一切別無他法，只能一次又一次地出現在內心與直覺告訴我該去的地方 —— 即使大腦告訴我，我沒有資格去那些地方。採取上千個微小但不完美的行動，是讓我從幻想落實為親身體驗的唯一方法。

每一個小小的行動，都為更多行動創造動力。我參與各種極限運動，參加各種聚會、專業會議和派對。現場有人要求我拍照，我就拍，不管成敗與報償。過程中，我持續發問，學習如何跨進專業圈。我下功夫，埋頭苦幹，後來某天我抬起頭來，突然意識到，我在不知不覺中已經跨過障礙。

沒人注意你時，你做的工作才是最重要的。專業人士不是等到他們成為專業人士以後才表現專業，那些成功的人（不管你對成功的定義是什麼），是願意在未獲批准、許可或讚揚下就上場做事的人。

不要想著裝久成真，「做」久成真才是關鍵。

唯一的出路，就是勇往直前

上一章提過，心流是發揮創意的最佳狀態。為了創作出最好的作品，你的任務就是要進入心流狀態，並且盡可能拉長心流的時間。遺憾的是，心流沒有方便的一鍵式開關，要是可以按個開關，直接啟動就好了！上一章也提過，你可以做一些事情來促進心流的出現及維持心流的狀態。但身為創作者，不管心流出現與否，你都要開始工作。而且，在你養成堅持到底的精神之前，你可能陷入一種枯燥乏味的狀態，覺得自己老是在做同一套，無法突破。

創作卡關有點像「手指陷阱」（finger trap）的遊戲，當你的手指用力拉動那條編織管時，那條管子便緊緊抓住手指不放，當你停止拉扯、兩根手指接觸時，那條管子自然就鬆開了。我們愈是想要擺脫創作卡關的狀態，反而會陷得愈深。你心想：「這個計畫陷入僵局了，我可能沒有那個天分吧！我應該去上課，精進技能，或是暫停創作幾週，等靈感回來。」你可能很熟悉這種聲音，每當靈感消失時，我們都會聽到類似的聲音。**擺脫這種陷阱的方法就是放鬆，當你繼續前進時，路會隨著你而改變。唯有移動，才能改變。**

早期，我也曾在攝影上遇過卡關的狀態。那時我已經小有成就，我知道我對攝影有獨到的眼光，但內心還是有不確定感。當時，攝影是我唯一探索的創作領域。沒錯，

我確實有攝影天賦，但萬一攝影不是我的終極天命呢？萬一我花了幾年的時間熟悉攝影，後來發現素描或刺繡才是我命中注定的領域呢？如果我從未嘗試過其他領域，我又怎麼知道呢？（這就是典型的鑽牛角尖，愈陷愈深。）

我大可擱下創作，花幾週、幾個月，甚至餘生的時間，思索什麼才是我「命中注定」的領域。幸好，我向來覺得行動比空想重要，所以我直接去找一個朋友學油畫。油畫和攝影很近似，感覺是一個值得嘗試的實驗。試了以後，我發現確實如此，繪畫教了我很多東西。實務上來說，油畫讓我知道如何讓一幅圖像顯現光與影，如今我依然把那些知識運用在攝影工作上。更廣義來說，我很快就意識到，那個實驗雖然是我人生道路的一部分，但繪畫不是我的創作天命。我的直覺那樣告訴我。幸運的是，我聽從了直覺。

如果當初我放棄攝影及剛嶄露頭角的職涯，轉而從事油畫創作，那會怎樣呢？那會不會顯示我是失敗者？只要油畫創作是我真正想做的事情，那就不算失敗。**為了忠於自我，你要有意願徹底轉變**。如果你參加一百次試鏡都慘遭淘汰，然後你心想，其實你更想到另一邊當選角的星探，那並不表示你失敗了，你只是憑直覺，踏上人生的下一段旅程。

當我發現油畫不適合我，我沒有停止嘗試，我又去學了壓克力畫。壓克力畫比油畫更快、更直接，所以某種程

度上來說，我正把道路彎回我熱愛的攝影，回到那種直觀性上。我傾聽直覺來鎖定目標，再一次，我從壓克力畫學到一些實用的東西，並把那些知識應用在攝影上，但我也明顯看出，壓克力畫不是我想專注的重點。我重新把攝影視為主要的創作途徑，現在我可以對攝影說：「沒錯，就是你了！」從此以後，我再也沒懷疑過我的選擇。

這裡的重點是，光是坐著思考我該選擇油畫、壓克力畫或攝影當成主要創作領域，根本毫無助益。唯有行動，才能確定什麼最適合我。

你無法光靠腦子思考，成功擺脫卡關的狀態。不管你的下一步是什麼，你要從採取行動開始，改變你的環境，把想法寫下來。最終，你會回到心流的狀態。

無論是什麼因素阻礙你發揮創意，最好的解決辦法永遠是提高創作量：創作更多東西，永遠以行動為重。

大衛・貝爾斯（David Bayles）和泰德・奧蘭德（Ted Orland）在《開啟創作自信之旅》（*Art & Fear: Observations on the Perils (and Rewards) of Artmaking*）中，提到一個廣為流傳的故事：一位陶藝師把一個班級分成兩組，A組按品質評分，每個學生只須提交一件作品讓老師打分數；B組是按數量評分，學期末老師把所有作品放在秤上秤重，作品愈多，重量愈重，成績愈好。

如果你已經讀到這裡，你應該可以猜出這個故事的結局了。A組學生因為太在乎他們交出的品質，整個學期創

作不多，作品大多平凡無奇、偏向傳統、打「安全牌」，他們想太多了。相反地，B組可以盡情創作，不受判斷與期望的約束，因此創作出更多作品，而且品質與美感更高。他們以行動為重，不去多想。

　　前文提過，增加創作量可以培養技能，也是一種發掘個人風格的機制。強調創作量是把創作塑造成一個流程，**當我們的心中沒有「完美」的結果時，就不會有壓力或焦慮阻礙我們開始創作。**把創作塑造成一個流程後，你會產生反覆運行的心態，願意為了培養獨家風格而冒險一再嘗試。再次強調，行動才是王道，空想無益。

完成是一門藝術

　　你的意識擅長自我批評，如果你創作時太依賴它，你很難進步。你應該堅持一種簡單、可重複的流程，例如：

第一天：今天完成一件創作，不做評斷。不管那是一個故事、一張照片，還是最簡可行產品，只要完成就好，快速完成就好。

第二天：重做一次昨天的創作，做一個新版或更新昨天的舊版。例如，把照片放進 Photoshop，把它修得更好，或是修改昨天的詩句，精進昨天的底稿。

第三天：重複第二天。

第四天：重複第三天。

第五天：決定是否夠好了，繼續創作別的作品。它不完

美、不理想，但已經很好了，對吧？它已經夠好了，你可以跟外界分享了。

完成創作，會讓你對可能衍生的結果產生情緒。別管守門人，別管金錢，別管別人怎麼想，他們可能不在乎，那是好事。

尤其是在創作初期，你只要做你該做的事，盡量行動，反覆練習就好。**在這個階段，完成創作不是為了獲勝，重點在於你能掌控的行動。** 把照片寄到雜誌社投稿就是一種完成，不是要雜誌社把你的照片當成封面照。在Instagram上按下「分享」就是一種完成，不是一定要那張照片有多少人按下紅心。在畫作上落款就是一種完成，不是一定要掛在畫廊裡。我將在第四步深入討論如何「擴大」創作，現在你的任務是持續磨練技能。

別想太多，趕快行動，成果自然而然會顯現出來。你在第一步中「想像」你想要的未來，在第二步中為了打造未來而「設計」習慣和執行方式。現在，該是相信你的計畫、持續前進的時候了。別躊躇不前，你應該以行動為重，不做多想。

8 自學

「人往往可以比他夢想的做得更多、改變更多、學得更多。我們的潛能就隱藏在周遭顯而易見的地方。」

——芭芭拉・歐克莉 Barbara Oakley，
美國工程學教授、暢銷書作者

　　學習是創意工作的命脈，你知道的愈多、愈擅長做某件事，你對創作的了解愈深，你的作品也會變得愈豐富、有趣。這表示你必須培養學習的能力。各位，這看似簡單，但一點也不輕鬆；你必須學會如何學習，才能創作出最好的作品。

　　學習是生活中許多事物的核心，是在任何領域維持影響力的方法，因為必要的技能會隨著時間改變。學習也是你培養社群的方法，你需要學習才能持續掌握那個創作領域的動態。此外，**世上幾乎每位成功的創作者，都靠終身學習默默維持成就。**

　　當然，學校也是寶貴的資源，對有幸求學的人來說，那是重要的機會。學校幫學生理解更複雜的概念，並接觸其他人的觀點。遺憾的是，對太多人來說，學校變成需要

忍耐才能熬下去的地方，只為了畢業後找到好工作。若是只能忍耐，學校可能感覺像畜欄一樣，目的是傳授社會傳統，而不是激發靈感、促進成長、發展思想多元化的沃土。我們乖乖上學，堅持到畢業，渴望拿到文憑，然後繼續過日子 —— 這與終身學習的心態正好相反。

直到我決定追求創作職涯、成為攝影師，我的眼界才終於打開，看到全然不同的教育模式。我突然有了目標，一個我想實現的目標。為了實現願景，我需要知識和技能，但我不知道自己需要知道什麼，才能成為專業攝影師。更糟的是，我甚至不知道該從哪裡開始。

在高等教育與專業教育的世界裡，他們經常談論學習路徑。但真正的學習路徑，在傳統的K-12教育中幾乎不存在。所以，很多學生在學校是上校方安排的課程，努力記住課堂上的教學及教科書的內容，以便通過期末考。之後，就把一切忘得一乾二淨，下個學期又從頭開始。老師當然希望學生不是這樣學習的，但事實就是如此。

當你為了某個原因學習時，心中有學習的目標，學習路徑因此變得非常重要。你如何從A變成B？如何從不知道怎樣沖洗底片，到變成自己沖洗？如果你尚未掌握「學習如何學習」的技巧，這個過程可能看起來很神祕、甚至可怕。在毫無學習路徑下，你會迷失。

我經常迷失方向。

在攝影方面，我沒有修課，完全靠自學，也沒有前輩

教我，那個過程相當痛苦。我只能斷斷續續地進步，中間遇到許多死胡同，但那種學習也比到學校上課自由，而且更有效。終於，沒有人告訴我該怎麼學習或該學什麼了。我可以直接拍攝我想拍的照片，而不是按照教科書的順序來學習一門課程。當我嘗試的拍攝方法奏效時，我就學會了一項新技術。當我嘗試的方法失敗時，我會像解謎一樣去解析那個錯誤，去圖書館翻閱絕版的攝影書，隨機詢問相機店的銷售人員，持續認真實驗，直到我找出失敗的原因。最後，那些經常做的小動作，讓我知道我不知道什麼。那些小失敗突顯出我需要學習的技術，也顯露出精進技藝的機會。

慢慢地，我的學習路徑逐漸成形。我還不知道我需要知道的一切，但我開始看到一份粗略的藍圖，那份藍圖顯現我需要發展的領域，我也開始理解從一個境界進展到另一個境界的邏輯發展。現在，我可以開始規劃自學方案，刻意學習極限運動攝影的每個組成技能。

這種強大的混合——書籍與影片、自我練習和實地經驗，大幅加速了我的進步。我到學校求學的話，永遠無法那麼快升級，學校的效果差遠了。

如今，我有機會與數百位創作圈的朋友，以及全球頂尖的創作者交談，了解他們如何在職涯中獲得最好的學習效果。我發現，大多數的人都有相似的態度，無論是運動員、音樂家、創業者，還是程式設計師。我認識的成功人

士，大多主導自己的教育，在學校只求畢業，但他們靠自學的方式，或是透過外面的教練與訓練，全心全意熟練他們選擇發展的主題。這種學習方式，是促使他們比同儕獲得更高成就的動力。

更重要的是，無論他們在職涯中累積多少成就，無論他們獲得多少財富或榮譽，他們都不會說自己已經「完成」學習了。優秀的創作者覺得「完成學習」是很荒謬的概念，學習能停止嗎？他們的成就正是學習帶來的！**唯有更多學習，才能帶來更多成就；學習是多多益善的。**

每個人都潛藏著強烈的好奇心，只是多數人沒有開發那股潛力。事實上，傳統的教育模式通常會壓抑好奇心，因此學生亟欲闔上書本，畢業後去找「正常」的工作──不管那意味著什麼。遺憾的是，這套系統的設計，是為了讓我們適應五十年前人們的生活與工作。在那種生活中，創意與個人化具有破壞性，毫無助益。整個體制希望把我們塑造成乖乖坐著、遵照指示的人民，無論那些指示多乏味或不合邏輯。發問會拖慢進度，只要死背日期，在考試當天照著記憶寫出來，記得使用二號鉛筆作答就對了。雖然不是每間教室都是如此，但現在仍有太多教室仍是沿用這種模式。

當我開始以自學成才的攝影師身分在部落格上分享經歷，也分享我記取的教訓及犯過的錯誤時，我開始吸引那些對攝影、自我發現、自學感興趣的受眾。

隨著專業職涯的發展，我愈來愈了解這個不斷成長的社群及其需求。他們充滿了好奇心與熱情，和我高中的經歷截然不同 —— 當時，所有同學盡力不要打瞌睡，互抄筆記，竭盡所能只求及格。相反地，這個社群感覺像是最純粹的學習方式，我的部落格主要在談攝影，從更廣泛的意義來說，是在談自由創作者的專業挑戰。但我日益覺得，我看到周遭那些對知識的極度渴望，只是剛起頭而已。

新學習，新挑戰

在中世紀，教育的設計是以它的傳遞機制為核心。如何把有價值的資訊，從一個人的大腦傳到另一個人的大腦？有兩種選擇：面對面交流與書面文字。面對面交流需要雙方同處一地；理論上，書籍也是傳播工具，但是在古騰堡（Gutenberg）發明活字印刷術以前，書籍很稀有，極其珍貴，每份手稿都是由技藝精湛的工藝師精心製作的。打鐵之類的商業技能，是由父母傳給子女或由師傅傳給學徒的。基於必要，所有進階的學習與探索集於一地進行，例如在村子裡或大學裡，因為書籍、專家、學生可聚在一起互動。

如今，學習面臨的傳遞挑戰，幾乎都已經解決了。任何人只要有連線裝置，都可以讀取知識或直接向專家學習，不必像以前那樣花費高昂的成本，在特定的時間前往特定的地點，還需要獲得守門人的同意。

不過，**如今的學習者面臨新的挑戰，主要的煩惱在於了解自己想做什麼**。我們的職業選擇已經大幅擴展，遠遠超出傳統選項，很多工作甚至在你我求學時還不存在。現在，學習者可以選擇成為消防員、程式設計師、會計師、YouTuber、獸醫、Etsy賣家，有這麼多可能方向可以選擇，這麼多新技能、新職業、新的創意目標可以追求，你需要先決定自己要探索什麼。

我遇過許多年輕人想同時學習許多不同的東西，他們想學習為自己的網站寫程式，學習為自己的YouTube頻道編寫主題曲，學習文案寫作，為他們的副業網站吸引更多流量。這是一種新的態度，在我成長的過程中，甚至成年以後學習攝影時，大家往往把學習視為一種軟弱與脆弱的表現。需要學習，就表示你承認自己不知道，那很丟臉，於是你默默不說。有人可能會問：「嘿，既然你是攝影師，為什麼你還需要上Photoshop的課？你對自己的工作還不熟悉嗎？」

後來，學習的意願在大家的眼中，逐漸從弱點變成優勢，但選擇可能多得驚人，令人眼花撩亂。我們可能老是聽到別人告誡，那些夢想是不可能實現的，以及為什麼我們不該追求夢想，但網路揭穿了這一切謊言。成功的案例比比皆是，只要瀏覽社群媒體的動態，每天都可以看到周遭的人克服最大的挑戰去追求夢想。顯然，**我們正活在新的黃金時代，只要你願意專注投入，一切都有可能**。我們

高度相互連結的生活，為無限的可能性打開了一扇窗，並為追求那些可能性提供了資源。

如今面臨的新障礙是，釐清你要追求哪些夢想，接著你得培養必要的能量，運用那些能量追求你的夢想。網路讓我們可以造訪世界各地的圖書館，但網路也能讓我們立刻連線玩《魔獸世界》；網路上有無限的知識，也有無限令人分心的娛樂。

在本書的前兩步，我試圖幫你克服這些最初的障礙，希望你已經「想像」了自己的夢想，並且「設計」出一套行為來支持你追求夢想。現在是發揮創意、追逐目標的時候了！也就是說，「執行」的時間到了。

以「直接動手做」來啟動是最好的。學校教我，在我真正嘗試過某件事，或產生足夠的好奇心，願意投入某件事好幾個小時以後，才算準備好學習一件事。身為攝影師，在我閱讀一堆有關鏡頭如何運作或景深是什麼的書籍之前，我需要先開始拍照。如果沒有豐富的經驗當作參考，再怎麼高檔的裝備可能都一樣平凡。

既然你知道自己想做什麼，也實際動手了，現在是培養主要技能的時候了 —— 你需要學習「如何學習」。某種程度上來說，這是最重要的技能，一旦你知道自己怎麼學習的效果最好，知道你如何成為自己的高等教育學院 —— 身兼教授、註冊主任、論文指導教授等身分，你就可以把這項主要技能，應用到今後面臨的任何學習挑戰中。

　　下次遇到你想做的事情達不到你希望的標準時，就啟動自學。自己規劃學期，掌握資訊，頒給自己「破解ＸＸ領域」的博士學位。這樣做過幾次以後，其他的學習挑戰，就不大可能把你嚇倒了。那是一種鼓舞的力量，使你相信自己有能力成功。事實上，那還有上癮作用，是卓越高手的祕密武器。無論你現在從哪個程度開始學起，沒有什麼是你學不來的。

　　以學習走路為例，如果你是家長，孩子還不會走路，你不會聳聳肩說：「我兒子先天就不會走路，從現在起，我要用雪橇拉他。」每個健康的孩子，都會按照自己的步調學會走路，接著學會跑步。**每件事情都可以歸結為爬行期、行走期、奔跑期，凡事皆可學，只是每個人的學習路徑看起來不一樣。**你能想像的任何技能都是如此，你所需要的是動力，那源自於你真的很想做你學習的那件事。人類是學習的機器，但是想要善用學習的潛力，你需要目標，你知道你的目標是什麼嗎？

學習如何學習

　　如果我們把學習抽離學校，為學習創造一個可輕易重複的過程，就可以釋放無限可能。但是，要從哪裡開始呢？解構全球最卓越創作者的學習過程時，會看到一種模式。在接下來幾個段落中，我會把學習分成三個階段：私人、公開、實踐。無論你要學烹飪、彈鋼琴，或寫誘人文

案以吸引網路流量到你的網站，這個模式都適用。

私人階段

　　在學習的私人階段，你會關注自己的內在欲望、需求、優點與動機，你需要培養下列這些東西：

- **好奇心**。你認為你應該知道什麼，或應該要有能力做什麼，都不重要。決定學什麼及不學什麼，才是關鍵的第一步。你真正喜歡什麼？學習需要投入大量的時間與精力，所以什麼東西真正使你感到興奮呢？那就全心全意投入那件事。如果某件事對你的創作旅程是必要的，但你對那件事的學習不是那麼有好奇心，那也沒關係。把熱情留給你感興趣的事情，其他的事可以花錢請別人做，或是利用以物易物的方式完成。**搞清楚你真正想知道什麼，你不需要什麼都學。**

- **嘗試與玩樂**。做就對了！**拿起工具，直接動手，搞得一團糟也無妨，剛開始嘗試一定不大順利**。我剛學法語時，幫助我學法語的朋友叫我坐下來，隨即以法語跟我交談。我大概只聽懂五個字，但沒關係，光是和朋友面對面交談，努力從一大堆字中挑出五個字，就足以啟動大腦的新區域。我發現，我對口音很敏感，所以早在我理解字義之前，我先內化了那些聲音。在攝影方面，我剛開始拍的照片也很糟，但我在過程中找到樂趣，相信自己可以進步。持續拍照，使我不斷

地學習，而學習使我更加投入，這是良性循環。沒有
什麼能取代一頭栽進某個領域探索。

- **靈感**。當你開始動手後，奇怪的事情會冒出來，吸引
你的注意力。也許你盡情揮灑畫筆時，畫布上出現了
有趣的效果。也許你在 Photoshop 上改變某項設定時，
產生了意想不到的效果。於是，你產生疑惑 —— 為什
麼會這樣？那成為探索的起點。那些事情不需要很重
要，它們只是幫助你了解素材。**如果你帶著奇思妙想
和玩樂的精神學習新技能，小驚喜經常會出現。**

公開階段

　　在學習的公開階段，你使用外部資源來回答目前你準
備好透過下列資源提出的問題：

- **擴大指引**。你做 X 時，發生了意想不到的狀況，為什
麼會這樣？根本的機制是什麼？對我來說，在這個階
段，書籍一直是我的主要資源。現在，網路上有很多
影片可以觀賞，例如 YouTube、學習 app、線上專家、
CreativeLive 等學習平台。書籍無法提供你如何指揮攝
影現場的經驗，例如：「現在去跟模特兒說，把左手舉
高一點」，但是你看專業攝影師這樣做一分鐘，就學會
了這項技巧。沒有什麼能取代觀摩專家的實際運作，
觀摩專家有如新的學院，差別在於，你不是被動接收
學院傳授的知識，你是根據自己的試驗，帶著特定問

題尋求解答。相較於學校那種「入門—中級—高級」的僵化課程，**觀摩是更有效的學習方法。讓好奇心與靈感，引導你的探索。**

- **社群**。尋找正在學習相同技能的同好，你們可以討論學習心得，一起練習。**無論是在線上或現實生活中，與社群保持聯繫，都可以有效支持學習動力。**社群也會讓你接觸到各種想法，豐富你對所學知識的觀點。如果你以前還沒愛上新技能，這一步可以幫你突破，因為熱情是有感染力的。

- **個別或團體指導**。可行的話，找個老師。**你自己嘗試一段時間，也在社群中接觸到比你資深的前輩後，更適合找好老師來吸收知識，你也會更接近那些有能力授課的人。**你不見得只能找一個老師，也可以找一小群不同的指導者，每個人各有不同的專長或觀點。一對一的學習很貴，所以那應該是發生在其他步驟之後，你需要先累積足夠的學習，才知道自己的特殊需求、興趣與挑戰。「為什麼我每次這麼做，都會發生這種事？」在一對一的學習中，你可以請老師回答你遇到的問題。

實踐階段

在學習的實踐階段，你反覆以下列方式創作、磨練技能，直到技藝純熟：

- **重複**。多數技能包含概念元素與機械元素，例如：要掌握攝影的話，你必須了解曝光、快門速度等概念，要拍出你想要的照片，你必須迅速撥弄一堆旋鈕與按鈕。套用編舞家崔拉·夏普（Twyla Tharp）的說法：「技能是靠行動烙印出來的。」為自己規劃日常練習，以訓練技能的機械元素，那可能是操作記憶卡或練習切菜的刀法。如果你不會切菜、切丁、刨絲，學習世上所有的食譜，也無法讓你變成一流主廚。

- **DEAR法**。在第2章，我分享了DEAR這個首字母縮略字，這是一種練習形式，是讓我迅速提升攝影技能，在業界竄升的祕密武器。人類先天就是透過模仿來學習的，所以我利用這項事實，從模仿我欣賞的攝影作品開始。但這不是指模仿別人的風格，而是指搞清楚別人是怎麼做的，然後打造出自己的方法。據說傑克·倫敦（Jack London）手抄魯德亞德·吉卜林（Rudyard Kipling）的數千頁作品，以學習故事、語法、句構的微妙之處。你在觀察啟發你的大師作品時，請試著這樣做：**解構（Deconstruct）大師的方法；模仿（Emulate）不同的元素；分析（Analyze）不同的部分，看哪些部分適合你；把適合你的東西，組成你的公式，再重複（Repeat）執行那個新公式。**

學習是呈冪次曲線分布的，也就是說，一開始你進步很快，接著進步減緩。你要到達哪個境界，才能做你想做

的事？

　　當你能夠完成個人目標時，就表示你學會了。別人認定的資格要求，並沒有合格證書。人生苦短，你不必像收集棒球卡那樣，「收集」各種大小技能。Photoshop 有成百上千項工具，多數人只要會其中一些，幾乎就可以完成他們想做的一切事情了；你需要前述這個三階段流程，了解你需要哪幾項技能。

　　把技能學到你「需要」的程度，如果你只需要基本的熟練度，那也沒關係，你現在就可以出師了。這種學習方式的優點在於，它釋放了無限成長的潛力。一旦你從「我該怎麼拿這樣工具？」，進步到「我今天完成了六件作品，你要其中一件嗎？」，那表示你已經掌握了「如何學習」這項主要技能，你將能夠以超乎想像的速度成長，改變你的生活。

怎樣學習最好？找到適合你的方式

　　依循前文這個流程，你將會達到熟練，也將開始了解你如何學習最好。例如，我發現我是視覺型的學習者，非常依賴視覺化。我想把某件事想得透徹時，需要把它寫下來，然後畫出來，這樣才能刺激思考。如果我以前求學時期就知道這點，我讀書會輕鬆很多。

　　我了解這個關鍵後，就可以改變情境，使它朝著對我有利的方向發展。如果我在小組討論中，難以跟上大家的

討論進度，我會拿起白板筆，把東西畫在白板上。如果我在現場無法那樣做，我會打開筆記本，開始記錄我聽到的，以便進入我比較喜歡的學習模式。對我來說，學習不再是一件苦差事。

我也是協作型的學習者，在安靜閱讀中吸收了新概念後，需要找人討論，促進觀念吸收。對我來說，這種方式比自己靜靜回想的吸收效果更好。你可能有你的偏好，也可能還不知道自己的偏好 —— 這可能只有在努力理解時，才會發現。

當你按照自己的步調培養新技能時，你會開始發現你的學習偏好。你比較喜歡從細節開始學習，然後逐步探索更大的概念嗎？還是，你腦中需要先有一張概略圖，才能繼續吸收事實和數據？這需要你自己去發掘。**當資訊無法馬上融會貫通時，不表示你很糟糕，或是你欠缺必要的天賦，只表示你需要嘗試另一種學習方法。**

傳統的學校教育往往過於僵化，不允許學習風格的變化。學校認為，你應該適應老師的教學偏好，而不是反過來。等你開始上班了，公司幾乎不大可能特別通融你，你必須適應體制。幸好，傳統教育這種「要嘛接受，不要拉倒」的時代即將結束，新模式正在扎根。

這種靈活性對我產生很大的影響，學習新技能時，我喜歡從一種意想不到的角度出發，搭配我自己的想法。對我來說，這樣做比較刺激，也更容易理解。例如，我決定

學習使用哈蘇（Hasselblad）中片幅相機拍攝時，馬上用它來拍攝極限運動。大家竭力反對，因為中片幅相機是攝影棚內使用的工具，沒有人帶哈蘇上山！但是，那樣做，反而吸引了我的注意力，那是在棚內拍攝永遠做不到的。

達到精通，你就能一直突破

做任何事情，技巧都是關鍵，尤其從事創作及發展創作職涯時，技巧特別重要，那是進步的必要條件。不過，精通完全是另一回事了。達到精通看似難如登天，但是**精通任何事情，可以把你的學習提升到全然不同的層次，而且你絕對可以達到那種境界。**精通是指一項技藝達到最高境界，你可以在你觀摩、學習、解構、模仿的大師作品中看到那樣的境界，你至少應該了解他們是如何做到的。

雖然技巧是達到精通的基礎要件，但技巧只提供豐富度和深度的一小部分，那個差別就像了解一種語言的基本詞彙和流利運用該語言的區別。你到海外度假時，一些常用短句就可以帶你踏上驚奇的冒險。你的目標可能僅限於此，你仍然可以享受精彩的旅行。但是，流利的外語能力，可以讓你表達複雜的想法。充分掌握一種語言，可以開啟一個新世界 —— 友誼、文化、傳統、歷史；重要的是，你要知道那種「精通」的境界是存在的，當你認為值得為了創作天命去追求那樣的境界時，你要知道如何達成。

如果你看過很多武俠片，可能對「精通」這個概念有

一些想法。在我們的印象中，武功大師是住在森林或山頂的老傢伙（通常都是男人），經過一生嚴酷的修練、磨練技藝後，把一套功夫練得出神入化。那些努力的回報是什麼？大師把最寶貴的功夫，傳給資質過人的弟子後，他的死對頭突然出現，把他殺了。於是，弟子有了為師父報仇的動機。

那不叫精通，精通本身從來不是一個終點，而是副產品。

事實上，如果你練過空手道之類的武術，就會知道，備受敬重的黑帶，根本不代表完美或結束，只是全新學習進程的第一步，只是另一條白帶而已。在武術中，每個學生不分級數，都會被一再提醒，要以初學者的心態學習。以為學習有個神祕的完美終點，反而有礙成長。**學習是一種持續性、具滋養效果、基本的生活流程，就像創意一樣。學習與創意，深深交織在一起。**

達到精通，不表示你什麼都懂了，只表示你知道如何駕馭素材——你知道自己知道什麼、不知道什麼。一開始，你很難進入一個領域，因為你探索那個領域時，必須在腦海中畫一張概略圖。一旦你熟悉基本知識，你在腦海中已經畫好了那張概略圖，你不是什麼都懂，但你知道在這個領域裡所有東西的方位，知道它們如何結合在一起、為什麼，於是你可以加速學習。

大師知道這點，現在你也知道了。

好好學習一門技藝，徹頭徹尾把它學好。學習經驗本身就會教你，精通是什麼感覺，那需要做什麼，為什麼達到精通是值得的。

為什麼有些最傑出的創作者，同時擅長好幾種技藝？因為精通一種技藝，會促成更多技藝的精通。以前文提過的女神卡卡為例，她在就讀紐約大學夙負盛名的蒂施藝術學院（Tisch School of Arts）時，經常以本名史蒂芬妮‧潔曼諾塔（Stefani Germanotta）進行素人開唱。後來她休學，每晚在曼哈頓下東區的夜店彈鋼琴。這樣做了幾年，精進技藝之後，她才獲得一連串的表現機會（那時她早已付出許多心血），在音樂界開始嶄露頭角，獲得獎項肯定，聲名遠播。接著，她又以同樣的方式往時尚圈發展，之後她開始演戲。未來，她肯定還會朝向其他領域發展，達到精通的境界。

以終身教授兼史學家內爾‧潘特（Nell Painter）為例，她在回憶錄《老來讀藝術學院》（*Old in Art School*）中，談到她64歲到藝術學校就讀的經歷。她幾個月內就有很大的進步，進步的速度超越比她年輕許多的同學，因為她用以前熟悉歷史主題的嚴格紀律來學習藝術。她內在的藝術魂，知道怎麼像史學家那樣學習。雖然藝術和歷史是截然不同的學問，但精通的方法根本上是一樣的。

你就是答案

沒有人會來拯救你。你學習新技能時，專家很寶貴，但無論是專家，還是教學機構，都不能負責培養你、指引你，實現你的創意夢想。你的路要靠你自己走，一切全靠你自己。這不是壞事，你的創意讓你有能力設計你想要的生活。

教育界已經改變，你不再需要先取得藝術創作碩士才能繪畫、出版或寫劇本，只要你的點子夠強大，你的程式可以完成任務，創投業者根本不在乎你的學歷。在活力最旺盛的新興產業中，讀大學不再是開創精彩職涯的必要條件。走在時代尖端的公司，要的是知識、人才與熱情，不是學歷證書。

如今，書籍、部落格、課程、播客、線上研討會都比以前更好、更便宜、更多樣化了。沒錢嗎？沒問題。CreativeLive免費提供數十億分鐘的影片，讓大家向數十種領域的全球頂尖講師學習。網路上也有許多類似的平台，那些平價的學習資源都非常寶貴，但前提是你願意自己動手創作。

無論你的基礎如何、偏好怎樣學習、有多少錢與時間可以投入學習，你都可以設計並展開一套自學計畫，幫助你達到需要的境界。各種知識唾手可得，等著你去發掘。

你不需要專家，可能也不需要去學校鑽研什麼，你需要的是創造、學習，一再重複。

9 失敗為成功之母

「勇於冒險，你就會知道，有時你會成功，有時你會失敗，
兩者一樣重要。」

—— 艾倫・狄珍妮 Ellen DeGeneres，
脫口秀主持人、演員、製作人

可惡！我不想這樣醒來。

2012年4月9日的清晨，我的手機響個不停，簡訊大
量湧入，大家都想跟我談那個消息：臉書剛剛以10億美
元的天價收購了 Instagram。那個消息成了世界各地的頭
條新聞，誰能料到一家成立才兩年、員工僅十幾人的公
司，竟然價值高達美金十位數呢？

看著那個科技童話故事如此展開，我不禁對凱文・斯
特羅姆（Kevin Systrom）和麥克・克瑞格（Mike Krieger）
創辦的 Instagram，能在短期內達到此番成就驚歎不已，
但我也感受到無限的遺憾。如果局勢發展稍有不同，當
天也許是我的公司登上新聞頭條 —— 這不是我自己的想
像，臉書收購 Instagram 的消息一傳出，我的手機隨即湧
入大量簡訊，就是最好的證明。我一打開筆記型電腦，

看到更多郵件、推文，甚至部落格文章，不是只有我看出我的公司和那則消息的關連。「沒錯，我看到臉書收購 Instagram 的報導了。」「沒錯，我知道那原本也可能是我們。」「不，我現在的狀況很好。」「不，我說『我很好』，沒有半點虛假。」

當時，我面對朋友、員工、同事的反應只是聳聳肩，裝作若無其事，但內心的真實感受花了幾個月才沉澱下來。我腦中不斷思考，事情原本可能怎樣發展？為什麼幾個小錯誤，會讓我偏離原本可以通往 10 億美元交易的正軌？

每個人都聽過類似的故事：朋友的表親堅稱，杏仁奶的概念是他先想出來的，結果被大杏仁公司（Big Almond）捷足先登了！或者，某人的叔叔「先想出 iPhone 的概念」，因為他曾把那個概念畫在便利貼上。我也很希望我即將告訴你的故事不一樣，但我確實把相似的東西做出來了，而且一開始還獲得很大的回響。

2009 年，iPhone 的 App Store 還很新的時候，我推出一款照片分享 app，名為 Best Camera。後來，那個 app 獲得蘋果的青睞，《連線》（Wired）雜誌把它評選為年度 app，《紐約時報》和《今日美國報》（USA Today）等媒體紛紛報導，《Macworld》也把它評選為 2009 年年度最佳 app。我們比 Instagram 還早上市；事實上，那個相片分享市場，是我們定義出來的。在多數人理解相片 app 是什麼時，Best Camera 的下載量已經突破 100 萬次。

所以，後來究竟發生什麼事？為什麼 Best Camera 最後成了局外人？

事實上，原因是什麼並不重要，這一章不是要談「錯失的天大良機」或如何避免重蹈覆轍。這一章也不是要談修正任何東西。系統沒壞，你的創意沒失靈，你這個人也沒問題，即使你做的一切都對，很多機會還是可能離你而去。這一章不是要談如何避免錯誤，回避錯誤的心態有礙創意的發揮。這一章要談的是從挫折中恢復，重新站起來，以及恆毅力的重要。理察・布蘭森曾告訴我：「機會就像公車，總會有下一班。」你需要做好準備，以便搭上下一班公車，而不是去追你錯過的那班。錯過的公車，走了就是走了，再怎麼追也是枉然。

逆境一定會發生，如果你是追逐熱情的創作者，你更容易遭遇逆境。**創作新東西的過程，原本就內建失敗，如果你讓每個錯誤都從你內心的平靜或自尊中撕下一塊，你永遠無法堅持到成功的那一刻**。相反地，你可以想像你面對創作的失誤、錯失的機會、極大的失敗，學習坦然接受。

隨便問一位物理學家，都會告訴你，改變任何系統都需要做「功」（work）；也就是說，需要施力一段距離。創意就是指我們如何運用那個「功」，不管我們試圖改變的系統是一個產業，還是一個程式庫。

天賦不會自己湧現，對抗重力是最難的，就像勇敢的維珍太空船 2 號機組人員在失去太空船 1 號後返回軌道

一樣。如果你想達到逃離地球的速度，那需要謙遜、勇氣，以及火箭燃料。這就是本章的目的，幫你學會享受創作 —— 整個創作過程，而不僅僅是勝利。這一章要教你如何掙脫「否決星球」的重力，如何在油箱耗盡時增添燃料。在創作流程的每個階段，從創意發想到發表成品，你一定會犯錯，遇到障礙，徹底失敗。讓我們一起努力，做得更好，以更好的方式面對失敗。

我希望以 Best Camera 為例，說明我如何在全球舞台上失敗，藉此幫大家了解那種大規模的失敗是什麼樣子，也讓大家明白，**任何規模的失敗為什麼都比完全不嘗試要好。努力一旦停止，什麼都不會發生。**

解決實際問題

攝影就像許多領域一樣，大家高估了昂貴裝備的重要性。畢竟，相片是什麼？別管科技部落格怎麼說，重點不在照片要有幾百萬畫素及某個動態範圍，而是捕捉到某一刻，把瞬間化為永恆。照片是在創造故事，一圖更勝千言萬語。

當你意識到一張照片能做什麼，並且看到攝影大師、甚至是熟練的業餘攝影師，以最基本的相機拍出來的作品時，科技的重要性就消失了。這是我率先在攝影界推廣拍照手機的原因，拍照手機的無限可能令我著迷。我開始實驗 Palm Treo 的相機功能，它的畫質極其有限，僅有 30 萬

畫素左右。後來，我試用了第一代iPhone，它的畫質達到200萬畫素。儘管拍照手機有種種限制，但我可以從當下的情境清楚看到未來：重點不是當時的相機品質，因為品質很快就會提升，重點是它讓你隨時隨地都能拍照，而且無時無刻不處於連線狀態。我簡直如魚得水，所以我廣泛上網分享行動攝影的實驗。

我實驗及發揮創意、上網分享成果時，一開始只受到同行的憎恨。每次你嘗試新的東西，一定會遇到一些阻力，但我不以為意，繼續那樣做。約莫2007年前後，我用手機拍的照片，開始在推特與臉書上獲得關注。隨著科技的進步，一般人愈來愈難區分手機拍出來的照片和專業相機拍出來的照片。

不過，儘管我很喜歡迅速進化的手機攝影功能，我還是覺得分享照片的機制麻煩透了。我通常需要使用五到六個不同的app，才能擷取、處理、分享照片。

這種「痛點」，是許多企業創立的原因。我親身體驗到一個明確的個人痛點，亟需解決方案；我可以解決這個問題！

實現構想

蘋果全新推出的App Store，很快就讓獨立的軟體開發者為iPhone和iPad開發、銷售軟體。我決定為照片的擷取、編輯與分享，開發自己的整合方案。在我看來，最

好的相機不是技術規格最好的，而是你想捕捉千載難逢的一刻時，剛好就在你身邊的相機。最好的相機是你隨身攜帶的那台──於是，Best Camera 就這樣誕生了。

我跟別人分享這個概念時，每個人都堅稱這個概念沒什麼價值。沒有人會在意200萬畫素的相片，那根本不值得列印出來。至於專門分享手機照片的社群網路呢？大家都覺得太可笑了。

也許你有不同的看法，也許你會熱情認同我的構想，還想投資這個新事業。一般認為抗拒新點子是不尋常的，如果某個點子真的那麼好，多數理性的人會馬上看出及了解它的價值，並且一路鼓勵你，直到你實現目標。

不，事實正好相反。**創意不分好壞，對系統來說都是一種改變，任何改變都是威脅，系統──每個人都是這個系統的一部分──會保護自己。**新概念遇到的阻力，往往和它們代表的改變大小成正比。如果你不相信我的話，可以查閱歷史，從電腦到燈泡，再到印刷機，改變總會遇到阻力。幾年後那個概念徹底改變世界時，那些阻力才會顯得非常滑稽。

19世紀哲學家亞瑟‧叔本華（Arthur Schopenhauer）提過，真理會經歷三個階段：首先，受到嘲笑；接著，遭到激烈反對；最後，獲得理所當然的接受。你這樣想時，可能會意識到，當初輪子第一次出現在路上，或許大家也很討厭那玩意兒。這樣講可能很奇怪，但切記：在某個時

點，為了實現你的構想，你不得不克服這種系統性的阻力。

　　你自己身為系統的一部分，就像一個白血球，是免疫系統的一部分，免疫系統會抗拒外來的新思想。這表示，有時連你也會抗拒自己的構想，而且你的抗拒心態，可能跟攝影業當初抗拒行動攝影一樣。

　　《混亂的中程》（*The Messy Middle*）的作者史考特・貝爾斯基（Scott Belsky）警告：「好機會從來不會在主旨欄寫明那是『好機會』。」**別急著否定自己或他人的構想，你需要培養開明的心態**，但這個道理說起來比做起來容易。無論你的阻力是你自己、還是外界，克服阻力都是創作流程的一部分。別人愈是反對，或是你愈抗拒自己的構想，你愈有可能正邁入未知的領域。關於未知，我們唯一知道的是，那是所有神奇機會可望出現的地方。

不開始，就不會失敗

　　我不知道怎麼製作app。一種解決方法是先擱下構想，去上程式設計課，但我知道我應該把這項任務委派給專家。我已經學會以行動為重，不去多想。這個構想已經成熟，而且我非常清楚我想建構什麼 —— 當然，不是技術細節，而是用戶體驗。由於西雅圖是科技中心，我只要在當地找到跟我的優缺點正好形成互補的合作夥伴就行了（第10章會進一步討論協作。）

　　我開始四處打聽、詢問朋友，並在當地的開發社群培

養關係。我約見了六個開發小組後，一位朋友介紹我去一家提供全方位服務的開發公司，那家公司似乎有能力開發我的構想，也對那個點子很感興趣。他們已經開發過幾個app，其中幾個獲得不錯的回響。那家公司看起來很專業，也很有條理，而且離我的攝影工作室才幾個街區。由於那家公司願意以開發時間，換取未來的收入分成，我們看起來像理想的搭檔。

　　劇透聲明：我們合作失敗的種子，是埋在協議條款中。許多商業與創作的失敗，都有一個類似的故事：在專案的早期，因無知、熱情或天真而犯下的錯誤或押下的賭注，導致專案失敗。

　　然而，這個反覆出現的問題所衍生的教訓，與多數人的實際做法正好相反。太多的創作者和創業者認為，為了讓專案順利進行，解決方案是在開始之前，先了解他們將做的一切事情，詳細研究所有細節，徵詢每個專家的意見。他們認為，唯有如此，他們的構想才算安全。把風險都排除以後，他們就可以開始創作了。這樣做，就好像飛機起飛前，你揮動手臂希望把空氣排開一樣愚蠢。如今回顧那段經歷，當時開發app的商業模式才剛出現，我可以看出當時簽約的內容已經夠好了。**有時，記取教訓的唯一方法，就是付出代價。**

　　當我們試圖預測每一種可能的失敗時，其實是把原本很好玩、強大又聰明的構想，咀嚼成一團毫無生氣的糊狀

物。這種無謂的「準備」耗光構想的活力時，我們也不知道該從何處著手了。在構想還沒有任何實質內容之前，想盡辦法避免每個可能的陷阱，只會使它失去作用，或還沒做出任何東西之前就慘遭淘汰。

多數卓越的構想從未實現，因為我們還沒給那些點子機會，就先說服自己放棄了。你應該多方嘗試，尤其是在早期。**實際動手做，而不是什麼都不做，才是獲得成長與機會的方式。**

苦盡甘來

逆境是創作的本質，你永遠不可能完全回避。在動手之前，你愈是回避問題及優化流程，目標會變得愈遙遠，到最後你連開始動手的意願都消失了。創作遇到逆境時，你當然可以選擇離開，但多數人撤守得太快。你應該積極面對，但是該怎麼做呢？採取行動！你可能會失敗，也可能不會，但你會在路程中獲得一切成長、機會與報酬，而不是在路程的兩旁找到。

我和開發團隊經過幾個月的努力，一起開發出 Best Camera 的第一版。那一版很簡單，但很棒，正是我想要的：你拍了一張照片後，可以增添很酷的效果，點一下就可以分享了。它的使用介面很簡單，但功能強大。我們借用蘋果作業系統的 Dock 概念，把它和傳統攝影中的濾鏡概念結合起來，就像把不同種類的玻璃放在相機鏡頭前可

達到不同的效果那樣。

2009年9月，Best Camera在App Store發布，我的心情非常激動。那個為了解決切膚之痛而衍生的構想，如今已經變成實質商品了。我本來以為那要經過一段漫長的時間，大家才會陸續採用，但app發布的72小時內，Best Camera就衝上App Store的第一名，而且迅速傳遍攝影圈，接著也傳到更大的科技圈。後來，局勢的發展變得很奇怪，我開始接到四面八方傳來的電子郵件與電話，包括日間電視節目、創投業者、《紐約時報》、蘋果的公關部門，簡直太瘋狂了。在很短的時間內，我們的用戶已經突破50萬人。

Best Camera讓我知道，我掌握了驚人的趨勢，但我能否繼續留在那個趨勢中，還有待觀察。當時CNET上的一篇評論，如今看來彷彿有詭異的先見之明：「希望賈維斯和他的軟體開發夥伴繼續精進app，不收取額外的更新費用。」當時，那確實是我的計畫。

我亟欲繼續推進，但當時的主流觀點認為app只會曇花一現。畢竟，當時已有成千上萬種應用程式可用，一種app怎麼可能持續維持熱潮呢？

總之，我認為app本身可以發展成一大事業，但開發工程師不認同我的觀點。無論我再怎麼說好說歹，我就是無法說服他們相信我的願景。與此同時，Best Camera的成功，也為他們帶來大量的新機會。那家開發公司因為寫

出 Best Camera 這個「年度app」，他們想要好好把握那些新機會。

　　這是任何合作案的危險之處，有時合作雙方沒有相同的動機或願景，彼此的願景是以經驗為基礎。當時的app大多只是噱頭，終究會遭到淘汰。你還記得那些把你的手機變成一把光劍或一杯啤酒的app嗎？可想而知，那些開發工程師認為，Best Camera 也只是一時的風潮。如果我也有他們的app開發經驗，可能也會有同感。他們已經完成我要求他們開發的軟體，他們想把心力轉移到別處，繼續發展。

　　我無法改變合作夥伴，所以我做了自己唯一能做的事：積極推廣行動攝影，我認為行動攝影不只是攝影業的未來，也是流行文化的未來。我因此獲得一份出書合約，推出第一本手機攝影書，那使我受邀上日間脫口秀節目，並且開始巡迴打書。簡言之，我盡我所能幫助大家了解，攝影是一種普世通用的語言，超越文化、宗教、地理，甚至時間的藩籬。手機攝影不是純粹為了分享照片，而是為了分享生活。

　　那些忙碌的宣傳活動奏效了。有一段時間，Best Camera的下載量持續成長，但後來由於app缺乏實質更新，開始帶來負面影響，新的競爭對手也紛紛出現。斯特羅姆開發了一款名為Burbn的app，但不大好運作。他發現，用戶特別喜歡那個app的照片分享功能，於是他和

克瑞格把 Burbn 改造成 Instagram。我們錯失成長機會的同時，他們開發出比 Best Camera 更好的版本，獲得 700 萬美元的資金，而且迅速迭代。

逆境出現了。

踏入未知

萬事起頭難，啟動任何具體的事情之前，都需要先做無數的小決定。如果你真的成功上路了，任何一個小決定，都可能有巨大的重要性。

危險是雙重的。一方面，你需要做的決定，可能多到令你不知所措。那些決定甚至在你開始啟動以前，就奪走那項計畫的活力 —— 無論你創作的媒介是什麼，也無論你創作規模的大小。「如果我不買下公司名稱的各種變型網址，萬一有人占用其中一個怎麼辦？總有一天，我需要出高價買回那個網址。」

另一方面，你可能因為亟欲啟動計畫，匆匆做了最初的決定，之後才發現，你的草率決策導致那項原本前景無限的計畫注定失敗。

當你毫無經驗時，這種兩難的情境特別棘手。你剛接觸一項計畫時，沒什麼基礎可以判斷哪些最初的決定是關鍵，哪些決定可以等計畫上軌道以後才調整。

在任何計畫的這個時點，你必須提醒自己兩件重要的事情。首先，在創作中，風險是無可避免的，再多準備也

無法完全保護你。**唯有做過大量決定，而且偶爾遭遇挫敗，甚至是很大的挫敗，才能培養出做好決定的能力。**

第二，在「豁出去跳下懸崖」和「希望懸崖底部有張安全網，並為跳懸崖而規劃三個月，差點分神走向其他深淵」之間，還是有一個合理的中間地帶。誠如法國哲學家伏爾泰所言：「完美，是優秀的敵人。」做好足夠的研究，問足夠的問題，但切記，**唯有冒險行動才有創作，否則一切都是空談。**

如果你曾經舉棋不定，不確定自己應該繼續研究，還是冒險一搏，那是你考慮太多的徵兆。**起身行動吧！學點東西，不管結果如何，你都會學到經驗。**

為成功預作規劃，從失敗中學習

雖然我料到 Best Camera 要是成功了，用戶會要求經常更新，也把這項要求寫進合約了，但我沒料到這個 app 可能迅速爆紅。當初，我和開發人員協議時，認定這個 app 需要一段時間，才會獲得廣泛回響。一旦我還清開發人員最初的投資，收益分成就變成對我有利。這部分要歸咎於我缺乏想像力，沒有考慮到產品一夕爆紅的可能性，導致開發人員失去繼續更新軟體的財務動機。

隨著 Best Camera 的軟體更新停滯不前，網路上的反應從一個狂熱的粉絲偶爾發文抱怨，變成數千名用戶公開要求更新。但殘酷的現實是，我無法提供軟體更新，無法

取得程式碼，無法把程式搬到他處，無法進入 App Store
查看下載資料或收入。我甚至連行銷文案都無法更動，我
完全被隔絕在外。當時，我拿到年度app大獎，我對行動
攝影的未來願景，只實現了一半。我累積了龐大又熱情的
用戶群，還有人出價要資助那個app，甚至以天價收購那
個app，讓我這輩子不必再工作了，但我什麼也無法做，
有如一灘死水。

　　更糟的是，看到這個案子淪落如此下場，我也深感羞
愧。我失敗了。

　　臉書收購Instagram時，那已是好一段時間以後的事
了。儘管面臨挫敗、感到失落，我心裡卻有一股奇怪的平
靜感，近乎平和。我關閉手機湧入的通知，靜靜坐下來，
讓一切稍微沉澱下來。我知道，我正面臨最大的專業失
敗，價值高達10億美元。我不僅錯過了一大筆財富，也
錯過了看到幾乎每個手機用戶都使用我的作品的喜悅。

　　我在 Best Camera上犯了幾個重要的錯誤，這很殘
酷，感覺很痛苦。有些日子，甚至是十年後，還是會覺得
心痛。你的創作失敗，也會帶給你痛苦。然而，**如果你願
意接受失敗的話，你會開始以不同的方式來看待事情**。時
間會流逝，如果你允許自己去感受失敗，傷口會癒合。我
的摯友布芮尼・布朗（Brené Brown）說得好：「抹去失敗
帶來的情感後果，你也抹去了使恆毅力與復原力的概念如
此重要的特質：強韌、堅定和毅力。」

Best Camera是一次瘋狂的歷程，過程並不容易，最後那段冗長又乏味的技術與法律爭論，尤其更令人心煩。基於法律原因，我的律師要求我遠離Instagram五年。我的攝影朋友在Instagram上累積數百萬粉絲時，我只能在一旁默默看著，直到2016年才能加入，那也很痛苦。（順道一提，我的Instagram帳號是@chasejarvis，歡迎來打招呼。）

然而，這段經歷教會我很多重要的事情，那是我無法從其他地方學到的。後來我推出及經營CreativeLive時，那些經驗變得非常寶貴。CreativeLive的用戶數是Best Camera的好幾倍，我學會以一致的動機來打造公司，我們根據社群的欲望與需求，快速反覆改進產品。我了解了矽谷與創投業者的動態，我也學到，光是擁有程式碼和智慧財產權還不夠，你需要能夠掌控它們。雖然我一開始不知道第一版的CreativeLive課程會吸引到五萬名用戶，但這次我先料到了這種可能性，已經準備好乘勢而起。

給害怕失敗的人：拒絕療法

無論是創作，還是在生活中，你都需要上場，勇敢面對逆境。這與現今文化常提到的口號「頌揚失敗」無關，那些繞著地球跑的創業者，喜歡學人講這種自我感覺良好的口號。失敗很糟糕，很痛苦，你付我再多錢，我也不願刻意失敗。但是，就像死亡與納稅一樣，失敗是無可避免的。事實上，我們為了避免失敗而採取的行動，往往會弄

巧成拙，那正是導致問題的最常見原因。每次失敗都是下次成功的墊腳石，不願邁出那一步，就等著被捲入下游，掙扎求生吧。

我花了很多時間為 Best Camera 的失敗自責不已，但說實話，CreativeLive 對我來說更令人振奮。我們為世界各地數百萬學生所提供的課程——數十億分鐘的教學影片，串流到地球上的每個國家，已經發揮了巨大的影響力。我永遠不會知道，有多少問題的解決、多少職涯與事業的建立、多少生活的改善，是因為 Best Camera 的失敗促成了 CreativeLive 的成功。

第一次做任何事情都很難，事實上，你可能把那件事情搞砸。假設你沒搞砸，而且第一次動手就走運成功了。**根據矽谷的經驗法則，你缺乏成功經驗，很可能導致未來更慘烈的失敗。我們需要早期的失敗來培養技藝，以便未來成功時能夠管理成功。**當你免不了栽觔斗時，你應該振作起來，撢撢身上的塵土，別再重蹈覆轍。

我無法給你任何神奇的建議，幫助你避免失敗。然而，有許多方法可以讓你在比較低的風險下練習失敗。拒絕信是一個很好的例子，無論你投稿到出版社，為你的非營利組織申請補助金，或是寫電郵給你想合作的對象，你都很可能收到對方的拒絕信。與其避免失敗，不如挺身而進，盡可能累積這種拒絕。與其為了寫一封完美的電郵給某個潛在的合作對象而勞心費神，不如卯起來寄出上百封

信，接著開始計數你遭到拒絕及忽視的次數，目標是累積五十份。當你以「遭到拒絕」為目標時，最糟的結果可能是什麼？搞不好你得到的正面回應，比你預期的還多。

《被拒絕的勇氣》（*Rejection Proof*）的作者蔣甲決定離開企業界，自己創業。偏偏他對遭到拒絕有根深柢固的恐懼，那種恐懼導致他不敢為了成功而冒必要風險。為了克服恐懼，他決定逼自己接受一百天的「拒絕治療」，做各種可能被拒絕的事情，包括向陌生人開口借100美元、隨機找個街頭開始演講，或是要求連鎖甜甜圈店幫他特製奧運五環狀的甜甜圈等。他完成實驗後，發現遭到拒絕不像他擔心的那麼可怕。害怕被拒絕，才是導致他一事無成的原因。

那個不可思議的實驗，使他在擁抱脆弱下面對恐懼。除了個人成長以外，他還寫了一本書，獲得一大群粉絲，成功減輕害怕遭到拒絕的痛苦。

勇氣、信心、熱情

如果你一開始就裹足不前，害怕面對逆境，你可以先接受稍微超出安適區、風險較低的創作挑戰。不要只是被動接受風險，請你熱情承擔風險。鼓起勇氣、信心和熱情。如果你想做冷水池挑戰，不要偷偷地溜進去，那太悲慘了！你應該歡呼一聲，直接跳進去。

把目標放小時，風險也小。那樣一來，就不怕失敗

了。如果成功了，你會獲得一些實質的東西，也為下一次的挑戰累積動力。萬一失敗了，你已經從失敗中，獲得實用的知識與經驗，也不必像我那樣為了 Best Camera 而進律師辦公室。

　　每週嘗試新的做法，你可以從舉辦晚餐派對開始做起，為你的作品安排一次秀展，或是挑戰自己每天寫一首歌或俳句，並且持續一年。你可以找合作夥伴及問責夥伴。在你拿房子去做二胎房貸來資助你的創作之前，先把失敗視為玩樂，以培養挫折復原力。這樣做，可以避免你的投資血本無歸，導致你連財務穩定都有問題。

　　一次同時投入幾件專案，是使你放棄完美、擺脫瓶頸的另一種好方法。一件失敗的專案，可能令你失魂落魄，但是當你同時忙幾件專案時，你會盡可能關注每件案子，遇到瓶頸時，可以先處理別的專案，之後再回頭來處理瓶頸。一次兼顧太多專案時，會遇到效益遞減的情況，但風險很低時，這種多管齊下的方式值得一試，你的創作會因此變得更好。

克服冒牌者症候群

　　只要你願意挖掘，每一次創作失敗，都蘊含未來成功的種子。你永遠不會知道，這條路會把你帶往何處。**勝利甚至有可能偽裝成失敗，有時你需要幾年的時間才會意識到，你哀歎已久的「損失」，其實長期而言是一種效益。**

（一個人因為一次失敗而放棄創作，你可以看出那有多可悲。就只是一次失敗而已！失敗又不是輸定了，最成功的贏家，經常遭遇失敗。）

把自己視為創作者，是指你決定實現你的創作抱負，這需要接受恐懼，接受自我懷疑。你會懷疑自己是否具備必要條件，是否能夠完成下一件專案，那是無可避免的。面對自我懷疑時，一般最容易產生的反應是，從底下兩個極端中選一個：盲目相信一切都會成功，或是毫不留情懷疑一切都不會成功，例如：心想「別人能夠實現構想，但我對自己的生活毫無主導權。」

我們都必須在信心與懷疑之間找到中間地帶，學會在中間安然自處。讓自己熟悉創作的艱辛，磨練情感。你在健身房裡努力運動時，一開始一定會肌肉酸痛。第二次與第三次的感覺最糟，因為你依然感到酸痛，但你還是回來舉重，反覆做那些健身動作。如果你堅持下去，就會習慣那種酸痛感；久而久之，你會發現那種酸痛感逐漸消失。你知道那只是過程的一部分，是正常反應。與此同時，你的肌肉正穩定地壯大起來，幾個月後，你心想：「我現在比剛開始更強壯了。」

同樣的道理，也適用在你最初收到的幾封拒絕信上。剛收到那種信時，你會很難過，但久而久之，你就無感了。我在播客上訪問過數百人，這個節目給我的一大收穫是，我有機會得知每個人偶爾都有冒牌者症候群。沒有

人對自己與自身的能力是完全充滿信心的。如果有人真的
那麼有自信，他很快就會對自己的創作感到厭倦，接著就
去找別的事做了。**卓越的高手總是設法挑戰極限，全力以
赴，不管他們是否刻意如此，他們經常千方百計突破自我。**

　　我拿足球獎學金上大學時，我是那年唯一拿到那個獎
學金的大一新生。我知道我之所以拿到獎學金，部分原因
在於高中母校以前的學長非常優秀，那不禁讓我開始懷疑
自己的能力。畢竟，我可能只是託他們的福罷了，我真的
有資格進大學校隊比賽嗎？冒牌者症候群使我陷入嚴重的
自我懷疑，覺得自己像個騙子。內心有部分的我覺得，其
他隊員要是得知「真相」，肯定會笑我，讓我知難而退。

　　我進入大學踢球後，那種自我懷疑的感覺慢慢消失
了。我意識到，那個系統就是那樣設計的。某些高中以培
育實力堅強的運動員聞名，大學當然知道這點，所以才會
對那些學校栽培的球員寄予厚望。我參加高中校隊，只是
幫我獲得獎學金的幾項因素之一。

　　在任何創作職涯中，成功是由許多因素構成的，這就
是現實。我們都希望別人發現我們的獨到優點，因此獲得
肯定，但其他因素也會造成影響。**成敗幾乎從來不是只跟
作品有關，優秀的作品只是進入成本，突破則是取決於人
際往來的技巧、定位、機緣、宣傳等各種因素。**與其為此
哀歎，不如接納。退後一步，想想你想仿效的偶像，想想
那些影響他們的職涯的所有因素。你如何調整那些因素，

為自己規劃出一套闖蕩職涯的方法呢？這種簡單的心態轉變，可能正是你提高勝算所需要的優勢。

別再把石頭推下山

我沒有太多經驗可以證實，推動卓越的創意點子或改變現狀「很容易」，那幾乎從來都不是易事。CreativeLive 團隊的一名成員曾經指出，我們推出的某項專案實在太難突破了，他覺得很失望。

他說：「感覺好像我們一直拚命推石頭上山。」當時，我們的營運長麥克‧阿薩迪（Mak Azadi）毫不猶豫地說：「工作就是這麼一回事。我們來這裡，不是為了確保滾下山的東西繼續滾下去。」

你永遠不可能像別人那樣，做起事來好似不費吹灰之力，完全不必啟動、尋找樂趣、掙扎、撐過難關，並且一再重複這樣的流程。你必須練習，站在未知的地方，努力完成你不擅長的事情。

擁抱你的缺點，好好享受創作的歷程。你先笑看自己的錯誤，以後別人譏笑你時，你已經免疫了。如果你拿自己和別人比較，發現自己還差得遠，那是因為你以錯誤的標準來評價自己。在西敏寺犬展（Westminster Dog Show）上，貴賓犬永遠無法在獵犬類贏得冠軍。擺脫這種心理陷阱的唯一方法，就是積極運用自己的獨特優勢與劣勢，承認自己並非無所不知，接受自己的行事作風。這讓我想起

「認識自己」這句箴言，**你的目標應該是成為最好的你，而不是維妙維肖地模仿別人。**

多年的正念練習讓我體悟到，腦中的那個聲音不是我們，別再聽那個聲音胡說八道了！趕快回去創作吧。

Amplify 擴大

擴大視野，創造你想要的影響力

10 找到志同道合的夥伴

「單打獨鬥，不如團結合作。」

── 海倫・凱勒 Helen Keller，
美國作家、社會運動家

　　像金屬製品（Metallica）這種重金屬超級樂團，在國際巡迴演唱會上登場，你有幸成為現場觀眾時，很容易被這種精心打造的錯覺所惑，以為你只是在看四位才華洋溢的藝人展現天賦：詹姆斯・海特菲爾德（James Hetfield）、拉爾斯・烏爾里希（Lars Ulrich）、柯克・哈米特（Kirk Hammett）、羅伯特・楚魯希洛（Robert Trujillo）。而且，鎂光燈又強化了那種錯覺。

　　這四位團員對演唱會的體驗很重要，但他們只是一大娛樂組織裡的一個部門。在每場巡迴演出中，每晚都有上百位技藝高超的工作夥伴陪著樂團演出，日復一日，月復一月，洲復一洲。Metallica 的成員談論如何讓樂團登台演出時，他們心裡想的是燈光師、巡迴團隊、特效師、音效師等，不是只有樂團，而是一整支部隊。

他們可以用樂器、幾支麥克風、一個音箱來表演〈For Whom the Bell Tolls〉、〈Nothing Else Matters〉等歌曲，但少了那些合作夥伴與卓越工作者的配合，他們就不是眾所皆知的 Metallica 樂團了。

你可能（還）不是搖滾之神，但我們都是社群動物，有賴人際關係才能蓬勃發展，創作者也不例外。**無論你是內向、還是外向，只要有「理解你」的人支持、鼓勵你，你都可以度過難關。他們是你的社群，你的盟友。**

這種對支持、協作、社群的需求，很難跟「走自己的路」這種需求相互協調。如果你走自己的路卻毫無進展，你應該去找志同道合之士所組成的社群，參與其中，捲起袖子，實際參與，跟大家合作，不要退縮。

這裡的運作原則是「互惠」，但最好把它視為一種業報：善有善報，惡有惡報，將心比心，推己及人。這不是指你為別人做事，是期望對方馬上回報你，亦即傳統「你幫我，我幫你」的模式。不是那樣運作的，你只是單純地做、給予、幫忙、維持能見度。協作的神奇效力，雖然沒有立竿見影的效果，卻是這樣開始的。

這是我希望你在追求創意職涯時，另一件放膽去做的事。如果你希望自己在社群頻道上吸引更多人來留言及按讚，你應該先去你欣賞的人所開的社群頻道上留言及按讚。如果你希望更多人來參加你的活動，閱讀你的文章，或聽你的歌，那就多參加活動，多閱讀當代書籍，多聽新

的音樂，並且幫忙宣傳。**你希望你有什麼樣的粉絲，自己就要先成為那種粉絲。**

在創意工作中，社群極其寶貴，那遠遠超出了你與同行及整個創意生態系統的互動。精挑細選你要合作的創作者，不僅可以在技能上設定更高標準，也可以對合作夥伴的創意適配度、工作風格、愉悅度設定更高標準。光是找到一個軟體開發工程師、音響工程師或編舞者願意跟你合作還不夠，你需要找的合作對象是：技能與才華到達令你振奮的程度，就像你的技能與才華令對方振奮一樣。光要找到一個與你適配的創意夥伴，已經需要花不少心力，更何況是好幾個。但是，找到適配對象的優點，足以彌補尋找適配對象的心血。互惠合作是一種強而有力、令人充滿活力的創作活動。適配的組合不大像是應徵遛狗員，而是覺得自己更像狼群中的一員。

當然，要這麼信任別人，不免令人畏懼，因為你需要開誠布公，在作品達到「完美」之前，就先展示出來。這會讓人感到很糾結，有些人擔心別人會盜用點子，捷足先登。但我可以跟你保證，沒有人想要你的點子，即使那有百萬分之一的可能性，執行才是重點，所以你幾乎沒必要擔心。現在這個年代，小說家把整個寫作流程放到網路上公開，小說依然賣出數百萬本。你的想法對你來說很有價值，是因為你是唯一能夠按照你的想像實現那個想法的人。少數專案可能需要簽訂保密協定，但一般來說，不要

害怕跟合作者分享想法，因為你需要他們的反饋與支援。
把保密協定加入不大重要的專案，就好像你去約會之前，
還先要求對方做 DNA 測試一樣。

　　很多人以為，獨自創作者是到森林的小木屋住一個
月，之後就帶回一件完成的傑作。那種想法純粹是一種迷
思。如果你也那樣做，你會感覺自己好像掉入流沙，即將
滅頂，心裡納悶棕櫚樹到哪裡去了？卓越的藝術家從小屋
回來後，亟欲與信賴的合作者及同儕分享粗略的想法。他
們迫切需要與他人聯繫 —— 那些有相似或截然不同影響
力與興趣的人，那些喜歡自己作品的人，那些會提出誠實
反饋的人。當我們身處在創作者的社群時，更能充分展現
自我。

　　當然，不是每個認識的人，都樂於給予我們鼓勵和力
量，有些人會阻礙我們發揮創意，或以負面和畫地自限的
想法來貶抑我們。**想成為高效能的創作者，你要有意願與
出色的新朋友建立彼此支持的健康關係，並且重新檢視現
在有害的人際關係。**已逝作家兼勵志演說家吉姆・羅恩
（Jim Rohn）曾說，你花最多時間相處的五個人，平均起
來就是你。所以，你應該明智挑選互動對象。

選擇你的大本營

　　每個社群都不一樣，有些比較適合你，有些不適合。
如果你剛加入社群，沒什麼人理你，不要放棄；你也不必

努力追求社群的接納，只要繼續探索就好。你可以找另一個更友善的社群作為大本營，在那裡立樁紮營，安頓下來。一旦你確立大本營以後，隨時都可以攀登新的高峰，但你需要先打下扎實的基礎。

我一開始是在極限運動的社群駐紮。從童年玩滑板開始，那個圈子就很熱情地歡迎我。在極限運動圈，可以獲得很多鼓勵與支持，從第一次去滑板公園就是如此。1980年代中期的滑板文化之所以令我著迷，在於它的單純：儘管滑板運動發展迅速，它仍是一種地下運動，尚未成為主流。我們去那裡，是因為熱愛滑板運動，不是想要倡議什麼。夏季的每一天，我們都在一種創意模式中度過：早餐聽龐克搖滾；午餐時間使用借來的工具，修整滑板的U板區；接著，整個下午，我們都在開發新技巧，和朋友分享自己悟出來的新招是一大樂事。

滑板的基本技巧之一是「豚跳」，又名「帶板起跳」（ollie）──靠腳借用角度把自己和滑板彈向空中。你需要先熟悉豚跳，才能掌握更進階的技巧，所以豚跳學不會的話，就無法進步了。幸好，在社群中很容易求助，因為社群成立的初衷，就是以創意、成長、指導、熱愛技藝為基礎。大家普遍認為，一位成員成功了，整個社群都進步了。所以，找願意幫忙的大哥或同儕不僅簡單，整個社群也鼓吹這種風氣。當時我發現，滑板圈是社會上少數大小孩子和樂融融、一起解決問題、相互支持的地方。即便是

今天，你去任何一個滑板公園，也可能看到場上玩家的年齡差距多達三十歲。

在滑板社群中，你可以學習如何表現、如何提問、如何不惹人厭。你要是惹人厭，就很難獲得別人的幫忙，所以過程中你可以培養建立社群的技巧。這不表示這個圈子裡沒有規矩或階層，也不是說圈子裡的每個人都很友善、有禮；事實上，這個圈子的成員都很堅韌、強悍，我覺得沒有關係。但是，滑板圈的社群結構，是以包容和創新為基礎；如今，我意識到滑板圈對我整個人的形塑，有很大的影響。我在那個圈子裡學到，有一個安全又具包容性的大本營，有一個建立社群及培養友誼的地方，跟技能的養成一樣重要。

多年後，我開始帶相機上山時，滑雪板之類的極限運動依然不是主流。當時的環境是開放、寬鬆、友好的。你可以向任何人請教問題，他們都很樂於回答。每個滑雪者對於自己能在如此優美的地方，做自己喜歡做的事情，都感到相當振奮，而且全球對滑雪的興趣逐漸增加，我很愛那種活力。極限運動為我早期的攝影工作，提供了一個充滿活力又鼓舞人心的大本營，讓我可以好好培養技藝，建立志同道合的社群。雖然知名的運動員有數百人，頂尖的攝影師只有幾十位，所以沒有好心的攝影師願意收我為徒，但這不重要，因為我已經找到自己的部落了。

後來，隨著極限運動成為主流，我的工作也跟著變成

主流。於是，我把目光拓展到攝影業的社群，心想那是另一個學習、受到啟發的好機會。我天真以為，所有以創意、自我表達、DIY精神為基礎的社群，都像極限運動圈那樣友善，結果我錯了。雖然我早就料到，我需要付出代價才能獲得一席之地，但我也預期攝影圈把我當成勇敢站出來、願意下功夫、樂於參與討論的熱情年輕專業人士看待，我以為他們會歡迎我的加入，但那沒有發生；相反地，他們看待我的方式，就好像我是貓叼進來的怪東西一樣。我的誠摯發問與熱情，就好像熱臉貼在冷屁股上，他們的反應不僅冷淡，甚至還帶有敵意。

　　我進入專業攝影圈時，那個圈子是處於碎片化的狀態，因為害怕改變而毫無進展。一波又一波的科技革新威脅著舒適的現狀，每次我參加攝影活動時，都可以看到現場聚集了許多脾氣乖戾的年長白人男性，牢騷滿腹，抱怨未來。遺憾的是，我發現那種情況已是常態，在性別、種族、年齡，或是對新面孔或新想法的熱情與友好度方面，很少看到例外。儘管我們這些新人，很樂於因為前輩技術精湛而對他們展現尊重，但很少資深的前輩願意肯定新人所代表的改變。

　　當時，專業攝影圈是偏執、被動的，緊抓著過去不放。以前的專業人士認為，攝影工作有限，保住飯碗的唯一辦法是藏私不露，把訣竅、人脈、建議、任何挑戰者可能用來打擊他們的東西都藏起來。他們既然已經爬上了頂

端，現在他們要盡快收起梯子，以免別人也爬上來。

我覺得，那些都是目光短淺的做法。如果別人光看你的照片，就能竊取你的絕招，那些招數根本就毫無價值。客戶想要雇用的是你——你這個人，不是某種燈光效果或花哨的鏡頭。如果你想藏匿那些神奇技法，你面臨的問題更大。

於是，我率先發難，但更重要的是，我也上網與有志成為攝影師的同好，分享攝影知識與觀點。我看得出來未來的攝影走向，我想成為改變的一部分。不久，那些資深前輩對我的態度，從矛盾轉為全然的敵意，因為我完全體現了他們害怕的那種改變。

各行各業都會變，攝影業也不例外。數位科技的浪潮來襲後，隨著網路社群的形成，以及資訊的傳播，社群變得比以前更溫暖、開放、多元。後來，我逐漸對那些資深前輩產生同理心；我想，他們看著自己熟知數十年的世界，似乎在一夕之間驟變，肯定很難接受。對他們多數人來說，他們必須迅速進化，不然只能等死。儘管我和他們之間存在著分歧，但最後我還是把許多經驗豐富的前輩變成了朋友。我從他們那裡，了解到攝影這門技藝的歷史，也和他們分享我對未來的理解。

對任何創作者來說，社群是基本的支持來源，你可以馬上參與的社群至少有兩個：你的技藝社群（例如攝影），以及你應用那項技藝的領域，亦即你的焦點社群

（例如極限運動）。**這兩個社群的交集，就是你的核心社群**〔例如，極限運動攝影師，我的朋友金國威（Jimmy Chin）就是其中一員。〕**核心社群的人，很值得你去認識，因為他們了解與你共有的利基點。**

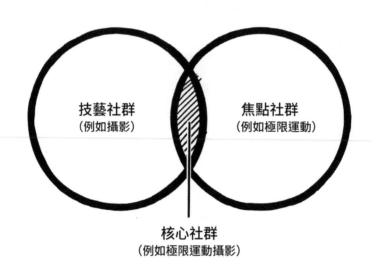

核心社群
（例如極限運動攝影）

　　舉例來說，如果你在編織兒童毛衣，你可以參加編織社群，或是出售手工童裝的創業社群。不要把編織兒童毛衣的其他人視為競爭對手，而是把他們視為核心社群，在那裡發展最牢固的關係。很多孩子需要毛衣，大家團結起來，可以發揮更強大的力量。

　　「融入」編織社群，是指參加編織聚會和活動、瀏覽編織部落格、線上參與編織社群的活動等。如果你也融入創業社群，那是指你同時參與不同類型的活動、部落格、

線上社群。不同的社群在態度、人口特質、熱絡度、支持
度方面，可能有很大的差異，每個社群各有不同優勢。

　　你可能同時參與技藝社群和焦點社群，但你應該選擇
比較友善的社群當作你的大本營。剛起步時，你比較需要
友善的社群。

多多參與，積極貢獻

　　也許你不大喜歡參與，對我來說，參與也不是一件很
容易的事，但是放膽站出去展現脆弱是值得的。所有社群都
有缺點，沒有一個社群完全符合我們想要的模式，但社群
並非一成不變。社群是由類似你的人所組成的，他們跟你一
樣也會改變。**每個社群各有不同的生命週期，你在社群裡的
地位會隨著時間經過而改變；事實上，社群會隨著你的貢
獻而改變。**聖雄甘地有句名言：欲變世界，先變自身。

　　你決定以哪個社群作為大本營後，就應該參與那個社
群。沒有人會給你會員徽章或頭銜，但你只要加入，週復
一週、月復一月，為那個社群增添價值，你就會開始在成
員之間建立權威。一旦你熟悉社群內的狀況，在裡面獲得
一席之地，你就可以考慮拓展到其他社群。你在一個社群
中站穩了以後，未來進入其他社群就容易多了。

　　在新社群中，你的任務就是站出來分享，給予支持，
真誠地傳遞價值，盡你所能主動幫忙。你可以參加活動，
結識同好；同時，記得傾聽、提問，擴展你的視角。只要

你保持活躍，你就會開始認識合作者、同儕、前輩。那就像樂團舉辦公開試鏡徵選成員一樣，你身為新人，必須努力表現，獲得認可。你可能偶爾得忍受一些批評或吃點虧，證明你願意和其他人一起度過難關——不管是度過科技變革、經濟衰退或任何挑戰。這有助於培養一種自然又真實的關係，你付出的心血，也將獲得回報。

如果你告訴自己，你沒時間做這件事，請你問問自己：「我有多想走創作這條路？」讓我坦白告訴你吧，如果你想過你渴望的創意生活，有一個社群支持你是必要的。任何東西都無法憑空出現，演員無法獨自拍電影，新創企業需要朋友做初版測試，陌生人不可能去看你的脫口秀，並給你熱情的意見回饋，因為他們不認識你，也不在乎。**你不需要很多人，但你確實需要一些關心你的人，尤其是在早期。如果你一開始就忽略這點，不管你的天賦如何，你很快就會面對現實殘酷的一面。**

我與人共創CreativeLive時，在攝影圈已經成名了，也開發了一個上百萬人使用的app。然而，在網路學習圈，我還是新手。根據經驗，我知道我得靠自己在這個社群裡獲得一席之地。當時的網路學習圈偏重「教育科技」和「磨課師」（大規模開放式線上課程，Massive Open Online Courses，簡稱MOOCs），我可以感覺到它們的意圖是正面的，只是現在需要換個新觀點了。我們可以捨棄傳統的講課與考試形式，利用各種令人驚歎的科技來

改造教育。我們可以結合社群、互動性、現場示範、豐
富的情境學習。我覺得，現有的線上學習社群和我們在
CreativeLive 上啟動的革新，形成了直接的對比，我知道
這個產業可以做得更多。

　　多虧我在其他社群的經驗，我知道只要我願意加入、
參與、貢獻價值，我就可以幫忙塑造這個社群的未來。我
可以幫助大家明白，「獲得證書」不是上課的唯一可能目
標，我們可以把眼光放得更遠，善用科技把學習變得更深
入、更全面、更有沉浸感。我希望我們能為學習者創造有
價值的資源，讓他們以自己的方式和步調去探索。

　　為了推動變革及提升知名度，我需要建立權威。為了
建立權威，我需要真誠參與，而且要持續一段時間。於
是，我一頭栽入，開始投書媒體，努力撰寫文章，上全國
性的電視節目和其他媒體，到世界各地參與會議及發表演
說。如果我從外面批評網路學習產業，那些為網路學習產
業打造未來的人根本不會理我。如果我想幫忙定義這個產
業的願景，我必須親自參與，從產業內部增添價值。

　　這個過程既是一種震撼教育，同時很有成就感。**你需
要大膽站出來好一段時間，才會有人開始給你認可，但你
會慢慢找到自己的位置。一旦你獲得認可，就更容易在塑
造產業未來時，納入你的願景。**

參與，你會認識很多朋友

　　無論你是創業者、畫家、飛機模型玩家或任何創作者，一定會有適合你的聚會、社團或產業公會。人類天生就喜歡找志同道合的人一起組織團體，你可以搜尋那些機會，找出你最喜歡的團體；最重要的是，要和那裡認識的人多多交流。站在角落可能沒那麼可怕，但你無法以有意義的方式融入社群，而且面對面聚在一起，可以產生很強大的力量。如果你有社交焦慮症，需要一些適應才能在群體中交流，沒有關係，那是一種過程。但是，請不要把社交焦慮症當成藉口，藉此逃避交流，而是要意識到你需要培養新的技能，幫你克服那個障礙。我想再次強調，親身參與不僅對你有幫助，也是必要的。

　　當然，你也需要參與社群的數位面，但不要以數位參與取代面對面的社交互動。你應該利用社群媒體關注業界的頂尖人物與同行，然後，加入線上討論。在交流中，一則深思熟慮的留言或提問，總是比按讚或回個表情符號更有意義。這是可以輕鬆辦到的，也是不花成本就能擴展人脈圈的大好機會 —— 除了每天花幾分鐘之外。你可能看起來只是群體之中的無名小卒，但絕大多數的人從未想要貢獻什麼，所以即使沒有人有時間回覆所有留言，但言之有物的留言，確實會引發關注。**關鍵在於：長時間持續貢獻價值，你的參與不僅可以為社群增添價值，你仔細關注**

社群中一些精明同行的對話，也能有很大的收穫。

　　我用這種方式認識了數百人，其中很多人後來跟我成為朋友。他們每個人一開始都和你目前的處境一樣，先在我的發文底下留言、分享我的文章，經常參與討論。雖然我從未見過他們，但我開始覺得我好像認識他們。後來，我在某個面對面的活動中，巧遇了其中一人，他來跟我打招呼：「我是網路上的○○○，很高興終於見到你本人了。」我一聽到那個熟悉的網路名稱，馬上就知道對方是誰，我也非常興奮終於有機會見到他。

　　對我來說，這種馬上拉近彼此距離的方式，實在是太棒了！我知道他們長久以來一直參與我的社群，也為那個社群貢獻價值。事實上，我也曾對我崇拜的人做過同樣的事，效果非常好。多年來，我和許多朋友就是這樣認識的，後來培養出深厚的情誼，或是建立了令人振奮的合作關係。持久的努力是關鍵。

　　這其實很簡單，想讓別人覺得你很有趣，你就要先對別人展現出興趣。想加入一個場景，你要先找出那個場景在哪裡，線上線下都可以，然後盡量參與。

　　如果你是1950年代的作家、藝術家或知識分子，你會搬到巴黎，把所有的閒暇時間都花在聖日耳曼德佩區（Saint-Germain-des-Prés）的傳奇咖啡館「雙叟咖啡館」（Les Deux Magots）。在那裡，你可以和西蒙・波娃（Simone de Beauvoir）、尚—保羅・沙特（Jean-Paul Sartre）

等名人接觸。一開始,他們可能不會讓你坐在旁邊,但只要你在那個咖啡館待得夠久,最終你也會變成那個場景的一部分。

社群不是什麼很難的火箭科學,只是會隨著時間改變。不要被幻想騙了,一直泡在你的偶像剛入行時常去的場所,你需要去現在熱門的場景。拜網路興起所賜,實體的地點不再像以前那麼重要了,但是與其他創作者面對面交流,依然是無可取代的。即使是中型城市,也可以撐起充滿活力的藝術社群。無論你的社群規模多大,你都可以幫助它成長。如果你住的地方沒有適合你的社群,你可以自創一個,從幫助別人創作開始做起。主動為社群貢獻技能,樂於為社群投入一切,接著就看命運的安排,積善必有善報。透過這種方式,你會學得很快。最終,你可以為一個更有活力的創意生態系統奠定基礎,那有助於你的事業發展。

建立社群,本身就是一種創意行為。**沒有健康、熱情的社群來支持你的創作,幫助你克服創作的難關,你的成功無法持久。**

合作:找到跟你一樣好,或是比你優秀的人

加入社群並在社群找到一席之地,只是第一步。加入社群的一大好處,就是認識他人、與人合作的機會。

關於創作,有個鮮為人知的祕密:創意主要和合作有

關。我的第一個創作《佐羅後裔》，要不是有鄰里孩子的幫忙，根本不可能上映回本。在毫無協助下，我會像電影《美國心玫瑰情》（*American Beauty*）裡的那個少年一樣，只拍塑膠袋亂飛的影片十分鐘。我需要合作者，才能實現我的創意願景，你也一樣。

如今，合作依然是我工作中的一大部分，也是我身為藝術家最喜歡挑戰自己的方式之一。無論是在我的攝影工作室，還是在CreativeLive，每個人都帶來不同的專業。設計師、開發工程師、修圖師——團隊中的每個成員，都以不同方式為願景做出貢獻。沒有合作者，我根本就無法完成創作。

即便是寫這本書，我也需要內人凱特幫我整理手稿（她是卓越的創作者，也是我的長期合作夥伴）；在我陷入瓶頸時，她會給我一些建議，並且幫我潤飾文字。

我也會找機會和專業領域以外的人合作。有一次，我用第一台數位單眼攝影機做了一些鬆散的實驗，我很想知道進一步實驗會有什麼效果，所以提議和才華橫溢的商業導演威爾·海德（Will Hyde）及他的工作室合作。我說，我們何不一起拍攝音樂影片呢？海德的夢想是創作更有創意、更少商業性的作品以累積作品集，我的提議正好符合他的期待。我們決定為西雅圖的新興樂團The Blakes合導及合製一支音樂影片，這是以低風險的方式嘗試新技藝的完美做法：The Blakes非常樂於參與實驗，免費獲得

一支音樂影片，他們對這支影片沒有任何期望。這很好，因為當時我還不懂音樂影片的細節，我是去學習的。

安適區外的合作感覺很可怕，但那也會帶給你力量。我學會何時該坦承我懂的沒有合作者多，因為那會給我學習的機會。我唯一能貢獻的是：我懂的專業知識。在那次合作中，由於預算有限，我們拍攝的進度非常緊湊，因為沒人付錢給我們，我們需要盡量降低成本。

在時間壓力下，我和海德很快就看出，我們的團隊需要以新的方式合作。當時，影片製作的方式與攝影圈非常不同，影片製作的分工很細，那是工會化的電影製作文化所留下來的傳統。對我們來說，那種製作步調太慢了。我的團隊是來自外景攝影圈，一向講求快速、輕便，但我們缺乏影音方面的經驗。後來，我們意識到，如果我們想要彌補彼此的弱點、強化彼此的優點，就必須在運作方式上靈活變通。每個成員都願意完成自己的工作，並在必要時分擔別人的工作。如果他們正在操作昂貴的設備或使用高壓設備，他們會堅守崗位，不然的話，每個人都必須離開座位，協助其他人。我們不再是自尊強大、各自獨立運作的團隊，而是變成一台輕便、有效率、適合執行任務的機器，所有人一起投入，把事情做好。

時間很緊迫，但我們設法在時間表及預算內，完成了音樂影片的拍攝。樂團對成品相當驚豔，那是遠遠超出其財力負擔的作品。雖然那支樂團從未躋身主流，但兩支合

作的團隊從那次經驗中都學到很多。海德告訴我，在預算拮据下，他學到精簡團隊的優點。我則是學到影片片場的架構與工作流程。身為聯合導演，我可以即時練習拍片技巧，通常是現學現賣。我也有機會使用海德那台要價25萬美元的攝影機，拍攝超炫的慢動作影像。當時，他在那項技術及設備方面都是遙遙領先，走在業界的尖端。那些知識幫我獲得許多商業執導工作，營收高達數百萬美元。

　　你需要放膽站出去，找人合作。盡你所能和現實世界的專業人士共事，從中學習。盡量找到最好的人才，找那些作品令你振奮的人。學會組織、溝通、委派任務，好讓你們彼此都能專注在自己的強項上。從每次合作經驗中盡量學習，但優先考慮以付出的方式，為那項專案增添價值。

　　找到跟你一樣好或比你優秀的人合作，而且對方要跟你一樣在乎成果，甚至比你更在乎成果時，可能會令你感到畏懼。切記：**A咖找A咖合作，B咖找C咖合作，如果你想追求卓越，應該和竭盡所能創作的卓越高手合作，即使那樣會讓你戰戰兢兢、如履薄冰也沒關係**。提升你個人層級的最好方法，就是提高你合作對象的水準。

親友的貶抑

　　當然，前述有關社群的討論，忽略了某項非常重要的關鍵。多數人早就有一兩個社群了，包括生活在同一屋簷下的那個「社群」。現在我們應該回頭來看，你和這個與生

俱有的社群，以及伴隨你成長的社群，維持什麼樣的關係。

　　以朋友為例，你跟我一樣清楚，生活中總是有一些人老是喜歡潑我們冷水，以懷疑及冷言冷語來打擊我們。這世上我最受不了的，就是冷言冷語。那就像毒藥一樣，我無法容忍那些話語出現在我的生活中。憤世嫉俗的人預期每個人都有最糟的結果，也預測到處都是失敗，最後那些看法成了自我應驗預言。如果我們的夢想需要火箭燃料，才能到達脫離地心引力的速度，我們周遭那些憤世嫉俗者只會啟動滅火系統，使我們永遠無法擺脫地心引力的牽制。許多人容忍生活中出現那麼多的敵意和負面情緒，還為那種行為貼上「誠實」的標籤，實在令人匪夷所思。

　　別再容忍那些朋友的冷言冷語和懷疑，直接告訴他們：「這是全新的我，我是一個肩負使命的創作者。在我自己創造的人生道路上，我會跌倒，也會犯錯，但我會一次又一次地站起來，直到我實現夢想。當我完成夢想時，我會再次啟動下一個夢想。我的人生，有足夠的空間留給支持者、啦啦隊，以及相信我的人。如果你能夠扮演那些角色，太好了！請拿起你的彩球來幫我加油吧。想要再講掃興的話，那就謝謝你，不用了。」

　　如果對方還是聽不懂，你應該結識新的朋友。

　　為了充分發揮你身為創作者的潛力，你要有意願勇敢站出去，展現自己，在混亂中探索人生。有害的人際關係，會阻礙你進行那樣的探索，害人不淺。記住，他人對

你造成的阻力，和他撲滅自身的創意火花大小成正比。你愈想改變，他給你的阻力愈大，因為你讓他想起那些畫地自限的想法阻止他去做的一切事情。問題是，你沒有多餘的時間和精力，重新喚醒別人的創意，你現在是在走自己的路。

對於想要從事創作工作的多數新人來說，這是一大挑戰。我們才剛開始冒險，就清楚看到朋友努力扯我們的後腿。你真的想照一套新的標準生活嗎？那就和那些已經落實那套生活標準的人為友。

好，至少你可以選擇新朋友，並在創意社群中結識新夥伴，但是家人該如何處理呢？在完美的世界裡，每個親人都會全心全意，熱情地了解、贊同、支持你在創作上的新興趣，或是你重新燃起的興趣。然而，如果家中有些人或所有人都不認同你的興趣，你可能無法把他們從你的生活中剔除——至少剔除他們不是一個健康的選擇。

家人是你人生旅途上的重要組成，你不希望把他們拋在身後，所以你應該盡量讓他們了解你做的選擇。這是我建議的做法：**與其告訴他們你要做什麼、那有多棒，不如直接證明給他們看。不管他們是否願意鼓勵你，你都應該直接動手創作。**比家人早起，一起床就坐到桌前創作。他們醒來，會看到你日復一日創作。展現出你的熱情與投入，獲得進步，套用寫作的行話：「與其說，不如行動。」愛你的人，比較容易被新的行動說服，而不是被新

的宣告說服。

　　一旦家人看到發揮創意對你的身心靈所產生的正面影響，他們可能會開始認同你。如果他們還是無法認同，那就是進行棘手對話的時候了。你應該以愛與謙遜的方式溝通，最重要的是要誠實：「我需要做這件事才會快樂，我是在追求創意天命，希望你能支持我。」

　　合作者與同儕，是提供力量與支持的神奇泉源。接受他們的支持，不是軟弱的表現，而是一種強大人類力量的集結。一旦你加入創作社群，並與那些支持你踏上創作旅程的人建立良好關係，你就應該開始考慮另一種關鍵社群：為你的作品培養受眾。

11 培養受眾

「你可以挑選你想領導的部落。身為領導者，你透過行動來吸引想要追隨你的部落。」

—— 賽斯・高汀 Seth Godin，
行銷大師、暢銷書作家兼創業家

　　告訴我，接下來的描述是不是聽起來很耳熟？你花了無數小時創作某樣東西後 —— 可能是一項產品、一個新網站、一件藝術品、一份簡報，你對外公開那件成品，到任何該去的地方與廣大受眾分享，接著你屏息以待⋯⋯卻毫無回應，鴉雀無聲，萬籟俱寂，沒人在乎。

　　於是，你開始羨慕地看著其他創作者，納悶他們是如何為自己的作品吸引到那麼多關注，而你的作品並沒有比較差，為何得不到關注？

　　你開始回顧創作歷程，尋找錯誤，但找不到明顯的錯誤。你照著所有專家、書籍、業界大師的建議，做了一切該做的事情；也照著IDEA的概念，想像、設計、執行了你的計畫。你想盡辦法大力宣傳，到每個社群平台開設帳號，也使用了各種適合的標籤，該用的標籤都用上了，但

依然毫無動靜。所以，究竟發生了什麼事？為什麼其他人獲得回響，你卻沒有？

此時，你可能很想為自己找藉口，諸如預算不夠多、團隊不夠大，或其他資源不足等，但這不是答案。當然，那些東西可能有幫助，但獲得關注的神奇要素很簡單：受眾。

在上一章，我們討論了在你感興趣的領域中，尋找已經存在的社群，從他們那裡獲得友誼與支持，建立一個幫助自己成長的同儕團體。這些社群是培養你內在那個創作魂的關鍵，但他們不是幫你在世界上發揮影響力的唯一答案。你還缺少受眾──那些對你的作品、你的價值觀、你的創意特別感興趣的人。

你的受眾可以、也應該跟你一樣獨特又有活力。這一章主要是談如何培養那些受眾，並以貢獻與服務的方式來引導他們，這就是你打造個人部落的方式。那個部落是從你的其他社群演化出來的，它將在你的帶領下，扮演獨一無二的角色。

如果目前還沒有人知道你是誰，別擔心。初出茅廬的美好，在於你已經在最低點了，接下來除了往上進步之外，沒有別的方向了。你吸引到第二個追隨者時，表示你比只有一個追隨者時進步了一倍，你很可能再也不會看到這種倍數成長了。

你可以把他們稱為受眾、社群、部落或追隨者，叫什麼名稱都不重要。為了幫你的創意和作品找到歸宿，你需

要培養及激勵一群多元但志同道合的人來接受你的作品，並且幫助你廣為宣傳 ——「擴大」。**創作者的受眾，是你創造影響力的最大資產，他們為你的世界帶來豐富多彩的內容，就像創意充實你的生活那樣。**

另外 50%

初期，你的任務是把所有的時間和精力都拿去創作，學習技藝與磨練觀點是不可或缺的。但你發展出一套有彈性又有成效的創作實務後，情況就會開始改變。隨著作品的質與量同步提升，你會開始渴望與他人分享那些價值。光是對老闆陳述你的觀點，在部落格上發布新文章讓父母閱讀，或是和你的大本營分享你寫的東西還不夠，你還需要更多人聆聽你的訊息，以便開始傾聽。

這不只是單純推廣你的作品而已，推廣需要努力，如果你想接觸大眾並發揮影響力，推廣確實很重要。但是，大家普遍誤解了「受眾」的概念，「受眾」不是只對資料庫裡的名單進行宣傳而已。事實上，我看到創作新人犯的最大錯誤，就是他們以為只要創作東西、立即推廣就好。有時，他們甚至完全跳過創作，直接宣傳自己，希望靠宣傳把自己塑造成「意見領袖」或「網紅」。一旦你成為意見領袖（或至少有影響力），人們就會讀、會看、會聽你做的任何事情，對吧？

錯了！宣傳應該是在你奠定扎實的基礎後才發生的。

現在，你還默默無聞，別人何必認識你這個人？

為了讓你的工作發揮影響力，創造與宣傳合起來，應該占你為目標投入的一半精力，另一半的精力應該用來培養受眾。 想要成功，你需要一群熱愛你創作的人，他們的規模還不需要太大。為了培養這群粉絲，你需要與每個人深入地交流，長時間為更廣泛的對話做出有意義的貢獻。

當你把作品建立在創意、真實、真心的基礎上時，不要利用一些噱頭或伎倆，來「匯集」一份空洞的「粉絲名單」。你應該培養一群真誠的受眾，他們是真心熱愛你做的事情、喜歡你做的方式，也喜歡你創作背後的原因。這些都應該發生在你創造新產品、架設網站、創作藝術品或表演之前、之間與之後。建立社群和創作是並行不悖的，兩者需要同樣的一致性。

你覺得不知所措嗎？沒關係，先深呼吸，耐心可以克服一切。這需要長期投入，所以調整好你的步調吧。如果你想知道成功的創作者，是到哪裡找到蓬勃發展的社群，你想錯了，他們不是「找到」社群的，社群是他們「打造」出來的。事實上，如果你覺得他們很成功，他們可能已經打造自己的社群至少五年了。即使你才剛聽聞他們的名字，這點也是真的。那些一炮而紅的成功案例，好像不知道從哪裡蹦出來似的，但是一炮而紅的背後，總是有創作者的多年辛苦付出。他們的社群對他們本人及作品的了解，遠比我們這些主流社會的人還久。社群對他們的盛大公開發表

期待已久，社群正是推動目前主流市場成果的槓桿。

　　創作者最重要的任務是創作，但如果想要獲得別人的關注，必須在創作時，為將來的成功奠定基礎。想想那些目前在市場上叱吒風雲的藝術家和創業者，以前他們也曾是沒人關注的無名小卒。他們花了數年的時間參與社群，建立大本營，耐心地為社群貢獻價值，直到人們開始注意到他們，以及他們的獨特貢獻。慢慢地，他們與那些人建立直接的關係，最後終於達到引爆點，創作者「突然」擁有自己的蓬勃社群，那些社群很渴望接觸他分享的東西。

　　到這裡還沒完。即使你為你自己及作品培養了一群受眾，這件事永遠沒有「完成」的一天，火花還不是熊熊烈火。成功只表示你培養受眾的活動奏效了，所以你需要繼續做下去。如果你坐下來等候金錢與讚譽開始湧入，或是一發現作品受到粉絲青睞就想利用粉絲，你很快就會遭到遺忘，你的社群會開始消散。**求知若渴，虛心若愚，你需要持續培養受眾。**

　　賽斯·高汀天天寫部落格，但大家誤解了這個實例所帶來的啟示。他們以為高汀的例子證明了，只要你持續分享好作品夠久，總有一天，一定會獲得關注而成功。那不是真的，你可以問問高汀，他比任何人都了解社群的價值。他從早期擔任書籍寫手，接著到雅虎（Yahoo!）任職，再到現在，他一直致力於打造自己的部落。他為其他社群貢獻價值，最後為自己的作品打造了一個社群。他從

來不以現狀為足，直到今天，他仍會回覆他收到的每封郵件。他經常發表演講，並發起專案以支持他的社群，例如他推出的「另類MBA」工作坊。沒錯，他確實天天寫部落格，著作一本接著一本出，但那些創作與宣傳，只占他整體付出的一半或更少。

我的播客如今方向改變了，但它最初是為了幫助攝影社群增添價值而開設的。當時沒有人從其他社群邀請成功的創業家或出色的專業人士，來幫攝影師了解成功、個人發展與創意。我知道我可以提供那些價值，所以我開始訪問《紐約時報》暢銷書作家、普立茲獎得主、葛萊美獎得主、奧斯卡獎得主、著名的創業者，向他們提出我的社群想要請教的問題。

當然，培養受眾不是為了出名。**你的社群規模——無論是受眾、客群、部落、粉絲，只與你的天命性質有關。**如果你是鐵匠，在地的所有名廚都來找你買刀子時，你就是最棒的。你每次打鐵，每一擊都是有目的的。如果有一群受眾對你的作品青睞有佳，價值的交換也讓你非常滿意（即使你獲得的回報只是大家的關注），你的努力就奏效了。繼續做你正在做的事情吧！

你認識的每位知名創作者——即便是瘋狂專注於作品或技藝的人，都把很大比例的心血花在培養社群上。他們不是光對外發表作品，然後祈禱最好的結果發生。他們了解自己為什麼要創作，也做出很多卓越的作品，但他們

也會注意自己的作品引起哪些人的共鳴，那些社群把時間和注意力放在哪些地方，他們知道如何讓自己的作品觸及那些社群。

如果你已經準備了一場盛大的宴會，你該問的最大問題是：「誰會來吃這頓大餐？」

確立你的觀點

第3章看過，脫穎而出的第一步，是理直氣壯地展現真實自我。理解這個概念是一回事，真正以〔這裡填入你的創作天命〕的身分，勇敢地公開展現自己，又是另一回事了。一旦你在幾個已經存在的社群中（例如你的大本營）建立一席之地，接著你應該在一個全新的社群中成為核心。那個全新的社群，將由你來維持與推動，它需要你的領導。

這很容易讓人感到不安。我在第4章提過沖冷水澡的習慣，如果你已經養成沖冷水澡的習慣，應該已經準備好豁出去做這件事，說出你真正想說的話了。再次強調，潛藏起來是無法脫穎而出的。你要有勇氣，至少要有一點信心，以及最基本的熱情。

約莫在2004年，我在Blogger上開了一個部落格分享創作歷程。那次雪崩大難不死的經驗讓我明白，我想利用有生之年做更多事情。我想協助他人踏上創作之路，就像我一直希望當初有人幫我那樣。部落格也是練習表達個人

觀點的好機會，即使是當時，我也已經明白，觀點才是創作成功的基礎，而不是技術。部落格讓我以藝術家的身分來練習表達觀點，儘管在部落格上，我的文字比照片發揮了更大的效用，我需要習慣說出真相。

那個網站並不完美，用來探討攝影話題並不是最合適的地方，但是它達到目的了。我不需要完美的工具，只需要可用的工具。

我攻讀研究所時，寫了大量的學術論文，但我需要學習如何以淺白的文字來表達我的信念，毫不廢話，那不是很容易。起初，我不知道該寫什麼或怎麼寫，寫出來的東西很彆扭、生硬。後來，我開始談到工作上遇到的問題，才開始有起色，例如：片場上的誤解、某個鏡頭的技術難題、我從慘痛教訓中學到的客戶管理經驗等。

時間一久，我的文筆進步了。我開始分享身為攝影師的所有經驗，寫下我對當時封閉的攝影業所感到的失望（例如，每天我都會主動聯繫我崇拜的專業人士，尋求認識與合作，但我從未收到任何回音）；我也寫下整個產業普遍不願分享「商業機密」；以及我為了自學攝影專業，如何依賴圖書館的卡片目錄，來借閱絕版的攝影書。

我的觀點逐漸成形，透過書寫，我逐漸明白我是誰，以及我在追求什麼。我認為，創意產業並未支持創作者，我很樂於幫助其他創作者成功，我也相信自己可以解決問題，並且透過行動學習。當時攝影業非常封閉，我希望盡

量做到透明公開。

　　透過書寫與分享的流程（通常是以笨拙、深奧、不精確的方式），我發現了這些道理。我不是悶著頭思索，突然頓悟某些觀念，然後就開始對外散播那些想法。我是透過創作；更重要的是，我是透過和他人分享我的想法與感受，來了解我的觀點。

　　我的目的從來不是為了宣傳我的攝影工作室，即使我的受眾持續增加，我也不曾幻想潛在客戶閱讀我寫的東西。我專注為社群增添價值，為需要的人服務。我有哪些知識可能對別人有幫助呢？我分享把數位攝影導入實地拍攝的心得，把最先進的相機帶到山頂上拍攝的經驗。大家在攝影工作室裡都是使用數位相機，但我向大家示範，如何以一種意想不到的獨特方式，把那些精密工具帶到戶外拍攝。結果，我的示範引起了相機廠商的關注，他們看得出來我正在開拓新的領域，為新產品拓展市場，從中片幅數位相機到耐用記憶卡，再到實地筆電強化硬殼。對我來說，這一切都是實驗，但是藉由記錄與分享那個歷程（包含光榮時刻及學習時刻），我的小實驗室變成其他創作者聚在一起交流的地方。

　　與此同時，科技不斷發展。不久，我開始在Google Video、Viddler、其他早期的工具上，分享操作影片（當時YouTube還不是很突出。）隨著我的創作領域持續擴大，我可以分享其他地方找不到的資訊。例如，我向觀眾

展示出國拍攝時所用的旅行工具組，如果你去喜馬拉雅山上工作，忘了帶某件重要裝備，你就慘了！

　　我也帶大家一窺我身為攝影師的生活方式，看我在打造事業的同時，如何學習、成長、體驗人生的一切。到了2005年，我已經有一個人數不多、但很強大的團隊，包括一位全職攝影師，他負責記錄我們工作中的起起伏伏。我們一起前往異國他鄉出差，睡在車子裡，露營，接著搭上租來的直升機，飛向一個特別的制高點。我們記錄並分享許多那樣的時刻，那些內容開始對其他創作者及雇用那些創作者的人產生很大的影響。

　　當時，像這樣的生活方式、冒險、建議的資源都很有限。隨著YouTube、Facebook、其他工具的出現，我嘗試了各種工具——任何可以廣泛傳播訊息的工具，我都試了。

　　如果我只是埋頭苦幹，像當時的多數攝影師那樣，完成客戶交辦的任務，我可能還是一位職業攝影師，但我永遠不可能深入挖掘我的創作潛力。公開分享作品讓我學會接受批評，促成未來我與世界各地的公司合作。拜那個部落格所賜，我收到各種有趣的工作邀約。「我們可以付費請你來香港參與我們的錄影嗎？」當然可以！慢慢地，那個以我的觀點為基礎建立的社群，逐漸壯大了起來，他們受到我提供的價值所吸引。那些受眾成為我後來創作一切事物的核心支柱，從Best Camera到CreativeLive都有賴他們的支持。幾年後，《連線》雜誌的共同創辦人凱文·

凱利（Kevin Kelly）聲稱，如今你只要有一千個真心的粉絲，就可以靠創作成名。許多人都對那個說法嗤之以鼻，但我無意中體驗了那個過程，並且應驗了此言不虛。

我和更有聲望的客戶合作更大的專案時，一直在尋找把這些品牌和他們的產品帶給受眾的方法。對我來說，那比任何一份工作重要。我以絕對的誠信處理那些案子，只把我能夠誠心支持的產品和服務介紹給粉絲。

Nikon D90 的上市就是一例。我看到數位單眼相機有開創性的影片製作功能時，便迫不及待跟我的受眾分享使用經驗。事實上，成為全球第一個使用這項技術的專業攝影師，著實令人激動。受眾跟我一樣興奮，他們覺得那個產品真的很有趣，也很有價值。我的影片與故事以一種新的方式帶他們到幕後一窺究竟，他們都很樂於幫忙宣傳。

在我看來，我的社群就像一個大型的晚宴。我想邀請最迷人、最討喜的賓客（品牌），來跟晚宴的常客（社群）見面。現場沒有討厭或呆板的人，整個晚宴充滿了洞見與娛樂。當然，這表示我必須婉拒許多搶著登門造訪的品牌。但我的社群因此看到我很努力為他們帶來價值，而我邀請的品牌也會看到，我的社群對真正的夥伴與合作關係有多熱絡的反應 —— 這是典型的雙贏情境。

真實、權威、勇於展現真實自我的組合，為我創造了個人品牌，也壯大了我的部落。那個部落讓我有獨特又寶貴的機會接觸我的客群；事實上，那使我再也不缺客戶，

也給了我挑選客戶的權力。**當你不缺客戶時，客戶與你合作時更興奮。你挑選合作對象時，可以精挑細選**。我可以婉拒原本可能勉強接受的工作，這表示我可以加倍投入我熱愛的工作，做一些事情來回饋受眾 —— 這是一種強大的良性循環。

信任電池

沒有什麼比社群對你的信任更有價值了。社群的信任需要你努力掙得，掙得以後，你必須竭盡所能保護這份信任。

Shopify的創辦人兼執行長托拜亞斯・路奇（Tobias Lütke）把信任比喻成電池。新人加入你的社群時，他對你的信任（亦即他的信任電池）只有50％。每個人都知道，只充一半電力的手機，無法持續使用一整天。你需要盡快把那個東西插上電源，否則你最需要使用那個裝置時，電池可能剛好沒電。誠如路奇所述，你與社群成員的每次互動，要不是為他們充電，就是耗掉他們的電力。所以，你該如何為信任電池充電呢？在《勇氣的力量》（*Rising Strong*）中，布朗指出培養信任的一些關鍵因素，包括可靠性、負責度、正直、大方。你對社群採取的每個行動，都是培養信任或破壞信任的機會。

那麼，這對創作者來說，意味著什麼？**首先，也是最重要的一點，你必須說實話**。對！說 —— 實 —— 話。只

要你告訴社群的資訊跟你的客戶有一丁點關係，你就應該讓他們知道，即使你是真心想為大家提供價值也一樣。

你需要親自現身，讓大家看見你。社群成員之所以參與你的社群，是因為你的價值觀與他們的價值觀一致。所以，每次互動時，你都要忠於自己，就像你面對摯友一樣。

這表示你必須信守承諾。如果你說你要為社群做點什麼，就要堅持到底。如果你沒有做到，就要負起責任。

這表示你需要給予、給予、再給予。你不能利用受眾，他們是你培養、呵護、支持的對象。如何支持你的受眾呢？你需要提供價值。如今，很多人在Instagram上累積一百個粉絲，就馬上對粉絲推銷產品，或搖身變成廠商贊助的網紅。在我考慮「推銷」任何東西之前，我已經在部落格上發表了一千多篇文章，累積了數百萬次的網頁瀏覽量。Best Camera（收費3美元的照相app）是我第一次靠受眾「變現」。與此同時，我常在別人的部落格上留言，或參與社群媒體上的活動，但沒有放任何連結連回我的產品。有很長一段時間，我就只是耐心地為我那個持續成長的小社群提供價值。

隨著新工具的出現與消失，執行的細節總是在變，但打造社群的理念始終不變：給予。CreativeLive持續為社群挹注大量的價值，我們與世界級的攝影師、設計師、創業家一起傳播一流的創意課程，世界各地的人都可以免費觀看多數影片。雖然不像《歐普拉》（*Oprah*）節目上那

種「你有車，妳也有車，每個人都有車！」的通通有獎模式，但依然很棒。CreativeLive 有如此龐大且積極參與的社群，並非偶然。

無論你的技藝是歌唱、跳舞、編織或烹飪都不重要，你給予的東西不見得要有教育性，但必須為他人提供價值。這種給予並不容易，但是你看到它發揮效用後，你就有動力繼續做下去。**打造社群的最有效方法，就是觀察那些成功經營社群的人怎麼做，然後套用DEAR法：解構、模仿、分析、重複（參見第2章）。**在你的圈子裡，表現最卓越的人，分享什麼訣竅？學習效法別人，和你自身的價值無關，你只是在向前輩學習罷了。**保有你自己的特質，別做下一個蕾哈娜（Rihanna），而是做第一個你。**不要模仿別人的資訊或觀點，你只要研究可能使你的付出變得更容易、更有效的機制與計策就行了。

由於維持受眾需要提供價值，我把它視為學習與成長的機會。我總是在商業工作與個人創作之間尋求平衡；個人創作變成了遊樂場，我可以觀察哪些點子獲得關注，商業工作則是付錢讓我在渴望的領域裡發揮潛力。換句話說，我創作藝術不是為了獲得高收入的商業案子，我做高價的專案是為了創作更多藝術。單純為了自己的好奇心與社群所做的事，讓我可以盡情地實驗，天馬行空地發揮，不去擔心客戶和最後期限。如果我對創作的東西不滿意或無法獲得社群的共鳴，我可以改換其他創作。

　　為你的社群創作，也可以幫你累積作品集。如果你想接到某類有償的創作專案，你需要先證明你有能力完成那種案子。很少客戶願意冒險把案子委託給沒有經驗的創作者，在我為客戶製作有償的影片之前，我已經製作了數百支影片與短片。那需要投入大量的時間、投資、注意力，但是那些嘗試為我的創作職涯開啟了全新的可能。我在專業上的最大突破，都是靠這種個人創作促成的。不要以為你在個人網站的「服務」頁面上提到你對某件事有興趣，或是把某件事列為你的服務項目，別人就可能冒險找你做那件事。如果你本來只拍人像，但你想開始拍汽車，你就應該開始拍汽車的照片，這是目前你投資個人事業方式。你需要向外界展示你能做什麼，你的社群變成了你的實驗室。

　　吸引受眾的注意力，永遠不會變得比較簡單，這一分鐘開始，總比下一分鐘好。當你告訴自己，明天再培養受眾就好了，記得用前面這句話提醒自己，因為世界上的雜訊只會愈來愈多。當然，你知道何時最適合你。你的作品一定會有受眾，即使受眾很少，你依然可以吸引到一些人。但是，現在就開始吸引受眾，可能是最好的時機。

　　社群是非常寶貴的資產，你必須善待它，以最真誠的態度面對它。我是帶客戶（品牌）去見我的受眾，不是反過來把受眾導向客戶。在這方面，你必須特別小心。多數公司是社群的剋星，那不是故意的，而是因為公司的運作方式，是為了追求利潤及利用資源。矛盾的是，公司想要

獲得社群的青睞。有些卓越的公司了解這點,他們靠產品培養了蓬勃的社群。

　　你需要持續為這些信任電池充電,充飽社群的信任,你絕對不會後悔;但是相信我,你消耗社群的信任時,你一定會後悔莫及。當一個潛在的案子可能消耗社群的信任時,我的團隊習慣以「不要弄死小狗!」作為危險訊號。我們以「小狗」代表美好的點子、有創意的概念,可以讓數百萬社群成員產生共鳴的真實事物。如果你讀過短篇小說《人鼠之間》(*Of Mice and Men*),你知道不是每個想摸小狗的人都能那樣做,即使他們真的、真的、真的很想摸。我常和企業合作,他們事前保證我有創作的掌控權,但合作到一半,客戶突然越線干預創作。此時,我會馬上請客戶坐下來,對他們說:「你們雇用我,是為了做出獨特的東西,如果你們不讓我這麼做,你們會得不償失,得不到你們想要的結果,我的社群也不會感興趣。」

　　不要弄死小狗!

確定你的最小可行部落

　　培養受眾時,先從小規模開始,而且是真的很小。問問你自己:**以我的作品為核心,我能打造的最小、最集中的部落包含哪些成員?**我如何持續與那個部落交流,最好是天天交流。只做你能經常做的事情,在經營社群時,你需要持之以恆。專注地為一小群熱愛你的作品的人建立權

威與真實性，只要你做對了，久而久之，你和你的作品會吸引更多人加入部落。

　　打廣告可以嗎？打廣告或發業配文並不可恥，精準的廣告投放可以發揮很大的效用。如果你確切知道哪些人喜歡你的作品，直接鎖定那些人打廣告，是向他們傳遞訊息的有效方法。但是，話說回來，打廣告與打造社群是不相干的活動。多數人在過程中太早打廣告，彷彿可以花錢買到一個社群似的。**社群是無法用買的，你只能買到暫時的關注，無法買到社群成員**。如果你不確定該不該打廣告，答案可能是「不要打」。

　　相信你的直覺，如果你想藉由打廣告向社群宣布一項產品，或是以某種方式獲利，此時直覺會警鈴大作，告訴你：別那樣做！

　　如果社群開始發揮效用，別因此自大起來。如果你以前從未獲得大量的關注，那些關注可能會讓你整個人飄飄然。你應該注意重要的事情：你的真實與正直。這表示，即使背離社群，你也必須忠於你的願景。你必須持續走在你的道路上，那表示有些粉絲不會跟著你一起成長，他們會死守著你舊有的樣子，那個當初吸引他們加入社群的老模樣。那也沒關係，你是創作者，不是網紅。**網紅為了留住粉絲，會變成他們需要成為的樣子；相反地，創作者則是堅持自己的道路，並在過程中吸引合適的粉絲。**

　　即使你的社群持續成長，也不要忘記你的大本營。你

的其他社群依然很重要，你不能棄他們而去。你需要持續現身，不斷地貢獻價值、與人合作。這些社群會持續推進你的成就，為你的未來提供養分。

現實世界

有人說，社群媒體可以讓你從舒適的客廳，運用適合的社群媒體策略來打造社群。那樣講，其實並不正確，我們已經看到許多政客因此付出慘痛的代價，你還是需要走出去，跟大家面對面接觸。**你必須現身，那是無可取代的。**

REI公司購買我的照片來裝飾西雅圖的旗艦店後，店長找我去跟旗艦店正在培養的社群演講。他們知道我已經深深融入戶外運動，那是我當初選擇去滑雪用品店工作的原因，我想整天跟滑雪及玩滑雪板的人相處，我也想成為那個活躍社群的一分子。

於是，我答應了演講邀約。我和團隊規劃了一個有趣的活動，為西北雪崩中心（Northwest Avalanche Center）募集資金，以提升大家對雪崩的危機意識。每年，我都會以簡報的方式介紹我的作品，整理出我和凱特過去一年去飛蠅釣、爬山、滑雪、單板滑雪的最佳照片合集。為了宣傳每次的活動，我會到處發傳單，群眾把活動現場擠得水泄不通，我會講述我們的冒險故事，接著在現場DJ播放背景音樂下，我開始向大家展示那些照片。大家都玩得很開心，我們不僅有機會和兩百多人面對面交流，還可以為

重要的理念募集資金。

　　盡可能親自站在你的社群面前，參與各種活動，從大型會議到咖啡店聚會都不要錯過。如果你常在網路上與附近的同好聯繫，你可以邀他們面對面交流。你也可以加入國際演講協會（Toastmasters International）來磨練演講能力；找在地的創業者交流；自己辦活動，把大家聚在一起。

　　出席，說話，提問並回答，貢獻價值。慢慢地，你的社群就會成形。

做自己的導師

　　為你自己和你的創意點子打造一個社群，還有另一個好處：它會變成一個提供你建議與支持的寶貴來源。

　　我們完成第五或第六次的CreativeLive工作坊後，我帶著全體員工去吃披薩。我們都很激動，為我們再次完成現場直播互相擊掌慶祝。

　　我問他們：「我們來談談願景吧！CreativeLive的未來是什麼？從目前的狀態，我們可以做到什麼程度？我們可以找誰來當夢想教練？」大家最初的提議是安妮・萊柏維茲（Annie Leibovitz）、安妮・蓋德斯（Anne Geddes）等超級攝影師。

　　「好，我們確實想找那種大師來平台授課，」我說。「我們是CreativeLive，創意是一把大傘，涵蓋的範圍很廣，放膽去想。」這時，有人提到理查・布蘭森。我說：「這

才像話嘛！」布蘭森身為企業家，一直給我很大的啟發。他一開始創業，就不按牌理出牌，以完全局外人的身分創立維京唱片（Virgin Records），接著簽下充滿爭議但頗具前景的樂團，讓唱片公司開始步上軌道。那些樂團都是老字號唱片公司不敢簽的，例如性手槍樂團（Sex Pistols）。

時間快轉到幾年後。多年來，我一直努力打造自己的社群，有一次我受邀到倫敦參加一場為創作者及創業者舉辦的聚會。事前，我對那次活動的了解不多，所以我被安排坐在歌手彼得・蓋布瑞爾（Peter Gabriel）和布蘭森之間時，有點震驚。我沒有馬上與他們交談，他們已經認識彼此，所以大部分的時間，我只是靜靜聆聽。後來在活動中，我和蓋布瑞爾聊起攝影，向來充滿好奇心的布蘭森開始問了一些問題。不久，布蘭森就介紹我認識負責管理其投資的人。後來，布蘭森變成CreativeLive的投資者及信賴的顧問。直到今天，我知道我可以隨時向他和他的團隊徵詢想法與支持。

每個人都想要一個導師，像尤達大師那樣教我們如何揮舞光劍及使用原力。我剛開始踏入攝影界時，也不例外。我以為有人會牽著我的手，指引我邁向卓越。我以為導師會教我該學什麼、如何學習，以及學會之後該做什麼。

如今，我在創作之路上事業小有成就，一些有志成為攝影師的人，來找我當他們的導師，我才意識到，我們對導師所抱持的想法，是一種有害的童話。

　　當我意識到，沒有人會像我想像的那樣指導我時，我轉向書籍。那其實很簡單，為了學習如何經營攝影事業，我讀了《攝影商業指南》（*The Business Guide to Photography*），沒想到，那本書真的為我解開了多數疑惑。我不需要在派對上冒然詢問知名攝影師、請他幫忙，書籍就是最博學多聞的老師。最棒的是，只要你願意翻閱書籍，就可以獲得歷史上各種大師的指導。多年來，我自己匯集了一種獨特的導師模式，那是由大量的書籍及許多人給我的金玉良言所組成的。那不是大家幻想的那種美好師徒制，而是現實世界中的良師益友。

　　我坐在布蘭森的旁邊，直覺告訴我，我應該馬上跟他聊天，我心想：「他不是想幫助下一代的創業者嗎？」但我先耐住性子。後來，我在活動中又遇到他，他介紹我認識他的團隊。又過了一陣子，時機成熟時，CreativeLive正好展開創投的 B 輪募資，那是一個很有吸引力又搶手的機會，我可以把那個好機會提供給布蘭森。那時，我是在幫助維珍集團，為它增添價值，讓它參與一個難得的機會，就像多年來我為自己的攝影社群做的那樣。

　　我已經學到，想與我尊敬的人建立關係，我得先為他們創造價值，例如建立連結、提供創意點子，或是對他們正在做的事情展現興趣及提供幫助。早期，我之所以認識一些指導者，是因為我在部落格上分析他們的觀點，那些用心的分析引起了他們的注意。這種做法仍是培養社群的

絕佳方法，我可以一口氣說出十個我從未見過的人，但他們幾乎天天來我的社群交流。他們持續支持我，為我增添價值，我注意到了。（如果這幾個人正好讀到這裡，而且上社群媒體分享這段話，我非常感謝你們的支持。）

即使你現在穿著家居服，坐在俄亥俄州的房子裡，你也可以馬上上網，轉推你崇拜的創作者所發的推文。你可以天天分享他的推文，並加上一點有意義的個人見解，如此持續兩年。不要讓對方覺得你好像是跟蹤狂，而是用心轉推他的訊息。久而久之，他會知道你是誰。如果某天你正好有機會在現實生活中遇到他，你就有一些真心話可以對他說。例如，你可以提及在他的創作生涯中，某個時點是你特別欣賞或讓你獲益匪淺的。那樣做，可以以一種簡單但有意義的方式，把你們兩個連結起來，無論那一刻有多短暫，這就是做這一切的意義所在。

我沒有尤達大師的指導，但我的社群有一群指導者給我意見。我從形形色色的人身上獲得反饋，每個人都有獨到又寶貴的觀點。多年來，我培養這些關係，就像我建立社群的其他部分一樣。即使我和某人沒有關係，我也可以在社群媒體上，關注他或閱讀他的著作。許多頂尖的創作者很大方地透過著作或發文的方式，分享他們的建議、想法和靈感。我常遇到一種人，他們不願好好閱讀書籍或部落格的文章，卻納悶某某人為什麼不回他們的電郵。這種人始終令我匪夷所思，某某人之所以沒回你的電郵，是因

為他正忙著寫下一本書或部落格文章。

如果你遇到一個誠摯的前輩願意指導你，那是難得的福氣，但不要期待這種好事降臨在你身上。這種想要「先索取、後給予」的貪婪心態，會毒害新的社群。如今，全球最卓越的大師不僅把他們的知識與建議公諸於世，而且通常是免費的。**只要你願意努力付出，你就可以學到更多。**例如，一名學生自願在CreativeLive的課程中扮演聽眾時，他就有兩三天的時間，可以近距離接觸老師及少數幾個學生。相信我，這麼做可以培養關係。雖然在CreativeLive的課程中扮演聽眾是無償的，還是有很多類似機會是有償的，例如上其他的課程、參加研討會、擔任策劃等。你找不到更好的機會與你崇拜的人建立持久的關係了。

所謂的「導師錯覺」，還有另一面：以為有人會為你的創作提供架構及擔負責任。如果你正在等待導師出現為你做這件事，請重讀本書的第二步。我們總是在找機會把鑰匙交給別人，那就像回歸起點的單程票。你正在走自己的路，不能逃避創作及職涯管理，你需要決定自己想去哪裡，然後就往那裡前進。

你要精明一點，做自己的導師，閱讀、傾聽、學習，資源是無限的。然後，想辦法幫助你欣賞的人，為他增添價值，與他建立連結。與其把所有的信念，都寄託在某個素未謀面的人身上，不如自己打造一個網絡，匯集意見與指導者，那個網絡將在未來的歲月中，支持你的發展。

　　打造受眾，用心培養關係（不管受眾的規模多大，不管你的運氣好壞），是99%發展不如意的創作者所欠缺的要素。

　　唯有為自己打造一個充滿活力的社群，你才能把創作帶到下一階段：站出去，不僅僅是分享，而是登台亮相。這不光只是把作品公開出來而已，而是登上舞台，讓全世界都看得見。有了社群的支持，你很可能在人群中脫穎而出。

　　上場的時間到了！

12 登台亮相！

「你有重要的東西可以貢獻，你必須冒險把它貢獻出去。」

—— 梅・傑米森 Mae Jemison，
第一位進入太空的美國非裔女太空人

現在是登台亮相的時候了！這不是指發布一篇部落格文章、新歌或故事，而是指創造某個讓你、你的社群、你的創作生涯脫胎換骨、意義非凡的東西，那可能是新小說、新專輯或新事業 —— 一項重大轉變，一個歷經數月、甚至數年努力完成的計畫。

當然，無論你如何處理你的創作成果，創作本身就是一種寶貴又有成就感的經驗。把你的畫作掛在牆上，被自己的作品包圍著是一大樂事。但是，話說回來，如果你願意採取下一步，可能性是無限的。

CreativeLive 即將推出時，我已經很熟悉這個登台亮相的流程。在那之前，我多次在社群面前展示大型成果，歷經各種挫折，對各種挫敗已經見怪不怪了。儘管如此，我還是很緊張，當時的照片我還留著：辦公室裡到處都是

空的咖啡杯，每個人的頭髮以各種奇怪的角度向上翹，白板上列著各種清單，包括「要命，那會掛！」每個人都忙得焦頭爛額、頭昏眼花，但任何重頭戲的本質都是如此。知道這是創作關鍵期的正常現象，對創作者有一些幫助。

這一章是談推出重要的大型創作，所謂「熟能生巧」，我們可以透過練習，做得更好，但緊張感永遠不會完全消失。誠如凱莉‧麥高尼格（Kelly McGonigal）在《輕鬆駕馭壓力》（*The Upside of Stress*）中所說的，我們在這種時候感到緊張，是因為我們已經投入很多心血，我們在乎結果，身體藉由進入高度警戒模式，幫助我們達成目標。如果我在發表重大創作之前絲毫不緊張，那表示作品尚未準備好，因為我尚未傾盡心血。如果我希望引起其他人的注意，我必須對我推出的作品有信心。

這一章是第四步的顛峰，此時，你已經找到志同道合的夥伴與合作者，也建立了自己的社群——一個以你的作品為主軸的部落。你的作品把你推向了創作的極限，現在是把作品公諸於世的時候。當你離開作品，或與世界分享作品時，那件作品才算完成。

這裡有個祕密，沒有人會費心告訴你這點：**這一步還不是結束，身為創作者，這只是你生命中另一個篇章的開始。此時，你的創作確實在世界上發揮了效用，你的創作影響力開始擴散開來。**

分享與羞愧

如果我們對自己的作品感到自豪，也為自己的想法與信念，培養了一群志同道合的受眾，分享會有什麼問題呢？大家應該會喜歡我們發表的東西，不是嗎？然而，我們依然會有一種想要隱藏起來的強烈欲望。我們可能把作品隨便拿出來放著就偷偷溜走，而不是把它高高舉起，讓大家觀賞。

當你不願自豪地分享作品時，你是在傾聽自卑心。自卑心是一種潛藏的聲音，它告訴你：你不夠好；只要你犯下一個錯，就表示你本身是個錯誤；大家不喜歡你的作品，就表示他們不喜歡你。**自卑心對任何創作者來說都是致命的，有些人的自卑心特別強，但任何人都無法對此完全免疫。**自卑不是你與生俱來的感受，而是你早年加諸自己身上的東西，那種心態一旦上身，就像濕襯衫一樣黏著你不放。不好好審查的話，它會扼殺你的抱負與創意。

我不禁想到一個早年的記憶：我們在一個家族婚禮上，當時我年約8歲，玩得很開心。切蛋糕、拆新娘襪帶、各種婚禮儀式都令我驚歎，看得目不轉睛。接著，我看到新娘準備把一束花從肩上往後拋，一群人聚到她的身後（我沒注意那些人是誰），每個人都很興奮。我心想，這個活動很有趣！新娘轉頭看了一下，假裝她隨時都會扔出花束，後方的人群焦急地傾身向前。

我懂了！那是一種遊戲！是屬於我的時刻！我熱愛運動，一向渴望獲得大家的關注與讚美，此時正好是獲得關注與讚美的完美機會。大家一定不敢相信我跑得多快、跳得多高。於是，我從舞台的左邊六米處衝了出去，做了標準的前撲動作，時間抓得恰到好處，一手抓住半空中的花束，側身著地，滑進舞池才停下來。現場所有的未婚女性與數百名圍觀者，大失所望。

我得意洋洋地拍拍身上的灰塵，站在賓客前，把花束舉在面前，彷彿捧著獎盃一樣，咧嘴而笑。

現場陷入一片死寂，接著笑聲四起，大家紛紛指著我大笑。

我的臉漲得通紅，接下來的幾秒鐘，感覺像永恆般漫長。父親走到我面前，拿起花束，微笑地把花束遞給新娘，點頭致意。現場恢復歡樂氣氛，讓新娘重拋花束。父親趁機把我帶到旁邊，此時我的眼眶已經滿是淚水。我不知道剛剛發生了什麼事，但是我知道我做錯了。

父親大可一如往常般，嚴厲斥責我，但他沒有那樣做，而是蹲下來，正眼看著我，稱讚我接得很準。他的安慰，讓我從驚嚇中恢復了過來，接著，他解釋我哪裡做錯了，以及拋花束的傳統意義。我還是覺得很尷尬，但心底的感覺是內疚，而不是羞愧自卑。我做錯了，但我本身不是錯誤，我沒有問題，我只是犯了錯。

然而，不是每次犯錯，都有這樣的結果。我因犯錯而

感到羞愧自卑很多次，就像你一樣。當初要不是我父親處理得當，幾年後我不會在家族旅行中，自告奮勇在兩千名陌生人的面前跳霹靂舞。我很感激父親當年的處理方式。

如果你對外展示創作的成果，但有人不喜歡或忽視它，自卑心會告訴你：「你很糟。」但重點是：**你不是你的作品**。你可能會覺得這句話說不通，因為你的作品確實反映了你這個人、你的技能、品味、價值觀和信念。你必須勇於豁出去才能創作，甚至需要擁抱脆弱，才能和他人分享作品。但是，透過練習，這會變得愈來愈容易。每次你不畏懼分享作品時，你的作品就有機會變得更有價值。

我這輩子多次感到羞愧自卑。例如，我對父母坦言我要放棄職業足球時，感到很羞愧；後來我又陸續放棄了醫學院和研究所。凱特與我的家人，都支持我放棄的決定，他們的支持對我有幫助，但無法完全消除那種羞愧感。我必須自己克服羞愧感，刺穿它，讓它癒合。透過練習，我愈來愈擅長克服那種感覺。

身為創作者，每個人都必須學習培育與呵護自己，尤其是在創意方面。我希望你能把這本書視為指南，我給你的工具，就像我父親在婚禮上為我做的那樣：拍拍你的背，教你怎麼改進比較好，接著把你送回現場。你以該有的方式創作，自然可以獲得全新的效益。

當我們抱著自卑運作時，很容易相信腦中那些貶抑自己的想法，但我們不是那麼糟糕的人。冥想教我，我和我

的想法是兩回事。多年的冥想經驗,讓我更容易觀察及辨識自卑的聲音,並且當場揭穿它的謊言。

分享作品時的脆弱感,以及分享作品偶爾衍生的自卑感,有許多因應對策。在播客的訪談中,布芮尼·布朗告訴我,她在錢包裡放了一張小清單,上面列了幾位對她最重要的人。每次她太在乎別人的意見、覺得難以招架時,就會看一下那份名單,自問:「我讓這些人之中的任何一位失望了嗎?沒有吧?好,我沒事了。」

你不可能讓你認識的每個人,遑論社群媒體上的每個網友,都認同你追求創意的決定。**你創作的每個東西,永遠不可能獲得外界的一致好評。**事實上,如果你公開的作品只獲得讚揚,那你要小心了,因為最好的作品會引起強烈的反應,而且正負面的反應都有。就像《伊索寓言》所講的,想要迎合每個人,結果裡外不是人,連你自己也不滿意。

即使你的作品只迎合一小部分的人,你還是可以靠創作,打造獲利豐厚的職涯,這取決於你的創作內容及收費。一旦找到真正的粉絲,就忘了網路上的其他人吧,尤其是那些討厭你的人。專注去創作你熱愛的東西,把你的作品放上合適的通路,讓你的粉絲可以看到。當然,那需要下功夫才能做到(稍後我們會談),但這不是重點。**重點是你要培養一種分享的心態,不管其他人有什麼反應。**

一旦你培養了勇於展現脆弱與分享的心態,對外公開

作品，剩下的（外界的回響）都只是浮雲。浮雲來來去去，但你的作品會長存下來。

培養分享心態

在第4章，我們學習培養創作心態，面對不安全感，避開冒牌者症候群，讓自己去追隨熱情，而不是把自己推向自認為該去的地方。如果你急著讀本書的這一部分，而未讀第4章，請你先回頭閱讀，把那一章的建議付諸實踐。在分享之前，你需要先導正心態。

分享作品和創作一樣，需要同樣的韌性、同樣的自律、同樣注意自我關懷。幸好，你在練習技藝時，已經培養了這種能力，就像鍛鍊肌肉一樣。現在，是培養另一層韌性的時候了。分享心態的培養也是透過練習，從小處著手。如果你想去TED演講，不要直接提出申請，而是先加入一個在地的即興表演團體，先練習演講技巧。在你的社群中，找機會到小型會議上，做簡短但無償的演講，或是做即興演出，任何在一群陌生人面前累積經驗的活動都可以。

當你開始分享創作時，感到害怕是人之常情，即使是跟另一半或工作中的同儕分享，也可能感到害怕。如果你想出版一本書，不要把自己鎖在房裡寫作六個月，你應該先和朋友、導師或社群媒體分享最初的概念，接著逐漸進展到短篇故事或部落格長文。這就像舉重一樣，你可以選

擇慢慢累加重量，或是冒著肌肉拉傷的風險。**經常發布小作品，不僅可以鍛鍊創造力，你也會愈來愈擅長分享與處理更難的東西**。最有成就感的創作，往往也是風險最大的。

成功轉瞬即逝，失敗絕非永恆。無論你的作品引起什麼反應，即使它獲得極大的回響，也要提醒自己：再怎麼輝煌的成就，都是過眼雲煙。

培養分享心態時，想著真實與脆弱。學會擁抱真實與脆弱，需要時間和練習。成功不是偶然發生的，不是任何人都能成功。那些以為成功就像中樂透的人並不知道，一個人以技藝廣受好評之前，需要付出多少心血。布朗早在TED演講讓她一舉成名之前，培養技藝及深耕社群已久；況且，TED演講和TEDx演講有成千上萬個，有幾個演講者後來的發展可以媲美布朗？提摩西‧費里斯在發布新書消息之前，提前幾個月規劃好每一步，預先安排數十場播客訪談，規劃打書策略的細節，並且竭盡所能支持他努力創作的成果，成為自己的最佳盟友。

你也應該如此，你看到的成功，永遠只是冰山一角，這一章探討的是表面下的東西。

尋求支持，把焦點放在正面回響

你攀登到山頂時，其實整段旅程只走了一半。

這不是老生常談。梅麗莎‧阿諾特‧里德（Melissa Arnot Reid）是美國第一位登上珠峰的女性，而且她在沒

有補充氧氣下安然下山。我和她一起登上非洲最高峰吉力馬札羅山（Mount Kilimanjaro），抵達山頂時雖然興奮，但她一到山頂就馬上提醒我，我仍然面臨巨大的挑戰。

　　也許是因為山上空氣稀薄，我沒想到我還有一半的路程要走。同樣地，你可能靠一己之力完成創作，但是分享作品還需要付出另一種層級的心血，那是一般人看不見的。如果你希望你創作的東西對世界發揮影響力，你必須為自己宣傳，打造一個支持你的社群 —— 一個發射平台，幫助你的作品發揮影響力。

　　我的建議是什麼呢？**創作時，保持溫和，擁抱脆弱；分享時，使盡渾身解數，放膽去做。**

　　我們已經談過，萬一親友不支持你走上創作之路該怎麼做。你甚至可能發現，你的社群不是那麼支持你創作的東西，或是對你的支持度，還不到你想要的程度，那也沒有關係。不過，我們很容易犯的一大錯誤就是，想讓討厭我們的人改觀。現在就忘了他們吧！**把焦點放在給你正面回響的人身上才是王道，好好跟那些人培養關係。**即使只有少數人為你加油打氣，那也沒關係。還記得《紐約眾生群像》的史丹頓嗎？如今，他的粉絲數超過兩千萬人，他貼出的第一張照片沒有人按讚，只有一個大學朋友留言。你需要持續提醒自己，只要抱持長遠的觀點，那些只是培育社群的種子。相較於擔心數百萬還不認識你的人怎麼看你（更何況是討厭你的人），關注少數的正面回響，可以

讓你學到更多。

當然，這不容易，這需要內心有個強大的羅盤。

我想到我推出 Best Camera 的經驗，最初幾個月非常孤獨，我很少遇到比那段時間更孤獨的時候。我之所以感到孤獨，不是因為我的團隊或社群很冷漠 —— 我們幾乎是立刻累積了大量的熱情粉絲，而是因為合作夥伴打從一開始就拋棄我了。把焦點放在開發人員不願支持我，並因此自怨自艾及自暴自棄很容易，我確實掙扎過，但我還是持續站出去，想辦法上媒體、電視、網路，宣傳我熱切相信的專案。其實，我不那麼努力宣傳的話，最後的結果可能也一樣，但我站出去努力宣傳，是為了我自己和那個專案。每次站出去宣傳作品時，都可以讓下一次變得更容易。

分享循環

有些人會告訴你，你只要創作就好了。但我認為，分享與推廣作品不單只是「行銷」，那是創意的深度滋養與必要功能。那顯示你重視自己的作品；事實上，**在任何一個健康多產的創作者身上，你都可以看到一種循環：創作＞分享＞宣傳＞培養社群＞（再次）創作**。最多產、最成功、最傑出的專業創作者，總是繞著這個循環運作，有時他們會同時為不同的專案，做幾個不同的循環。

分享不僅僅是按下發送鍵而已，宣傳與培養社群，是兩個需要親自操作的主動流程，就像創作本身一樣勞心費

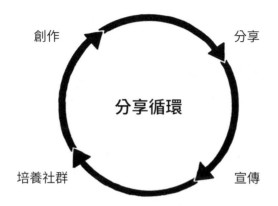

神。你可能花費數年的時間創作出一件傑作，但想要累積
動力的話，就要小心安排宣傳活動。久而久之，你將學會
如何把心力與情感轉移到宣傳上，那需要練習。一旦你開
始宣傳，你可以把自己想成：你是在幫助別人從你的創作
中受惠或獲得啟發。與其向大家推銷產品，不如自己當嚮
導。宣傳時，不要太專注在作品上，成效反而更好。

**每個創作者都是這樣，再怎麼出名或成功的人，都無
法成天創作，逃避分享階段。**電影不是首映結束就「完
成」了，你看那些知名演員，他們的生活令人著迷，但他
們依然馬不停蹄地工作。在電影開拍前，他們花費幾個月
的時間，讓身體進入最佳狀態。接著，他們花費幾個月的
時間，辛苦拍攝電影。之後，你看到他們為了電影首映，
又開始努力準備，包括：國際的媒體宣傳，運用社群頻道
提高粉絲的參與度，錄製特殊的訪談及其他的特輯，以利

影片的發行。總之，他們會竭盡所能宣傳，以支持他們已為那部電影投入的一切心血。這是對作品的肯定，你可以頌揚作品，同時忠於你身為創作者的身分。

想想你最喜歡的樂團，想想去年夏天他們在你的家鄉所做的表演，那是他們為了銷售最新專輯所做的宣傳活動。有趣的是，從這個角度來看，宣傳變得很單純，也是大家普遍都能接受的。我們熱愛那些搖滾明星，他們站在舞台上表演時，熱愛自己的藝術，並且與你分享。無論是透過哪種媒體，你也有同樣的機會，分享你的作品。沒錯，音樂有一種表演元素，那種元素在其他創作技藝中沒那麼明顯，所以音樂的宣傳比其他創作方便。但是，在分享創作方面，你還是可以採用同樣的分享心態，沒理由不那麼做。

當然，如果你覺得自己在工作室創作，已經獲得了你想要的所有價值；如果創作過程本身對你來說就足夠了，這種分享循環可能不適合你 —— 對此，我沒有意見。但除了罕見的例外以外，**在任何媒體上，公開頌揚自己的作品，都是創作流程中生動、有益的一環**。事實上，我認為卓越的藝術家之所以成就非凡，部分原因在於他們花時間與精力，邀請你去體驗他們的作品。為了傳播作品所付出的努力，是一種創作的延伸，那攸關著創作者的成長與發展。談論你的作品，加以解釋，解答相關問題，為自己的作品站台，這些都可以視為內在行為。相對於把作品放在架

上展示就馬上走開，那些內在行為可以幫助你更了解作品。

如果你不想分享

　　放心，沒有人天生就懂得如何分享，一開始總是感覺很不自在。但是，話說回來，如果你非常抗拒宣傳作品，你應該問問自己：**你做的事情，真的適合你嗎？**如果你已經按照本書的章節順序讀到這裡，你已經花了很多心思，鎖定你真正想做的事情。如果你跳過某些單元沒看，現在是回頭補看那些單元的時候了，因為你可能沒有真正聆聽創意召喚。

　　在讀研究所時，我竭盡所能把創意融入學術寫作中，雖然我費了很多心思，但我從來不想和朋友圈裡的任何人分享我的創作。最後，我意識到，那是因為我根本不以那些書寫為榮，那不是我真正想拍的照片。我確實盡我所能，讓當下的情境達到最好了，但我不是在走自己的路，我心中有不同的抱負，我卻忽略它了。當時，我只能以有限的自主權追求藝術，雖然那比完全不創作好，但那種半吊子的做法是行不通的。最終，那種抗拒分享的心情也幫了我。我因為對那些作品沒有足夠的自豪感而抗拒分享，那讓我意識到，我根本做錯了選擇，我需要永遠離開研究所。

　　當你熱愛你的作品時，你會有一種感覺，覺得它需要存在這個世界上。如果你相信你的作品可以讓大家更快樂，促進大家思考，推動社會變革，幫助大家感到更充

實、更愉悅，你就不會覺得那像在「推銷」了。當你真正為你的作品感到自豪時，宣傳、分享或邀請別人來看你的作品，就不是丟臉或自私的事了。在這種情況下，你所追求的，不僅僅是大家的關注，而是一種身心靈的共鳴與人際關係。

你對作品的熱愛，會讓你想要吸引大家來關注作品。就像我們需要學習關愛及善待自己一樣，我們也需要學習熱愛自己的作品。當然，**在每件作品中，你一定會看到某個值得改進的地方，那種「可以做得更好」的感覺永遠不會消失**，我現在寫這本書就有這種感覺。但是，我把那種感覺視為一種跡象，那顯示我仍是一個努力不懈、持續成長的創作者。

無論你的計畫或過程是什麼，培養你對作品的熱愛，找出你的作品對其他人的價值是必要的。如果你感受不到那種熱情，那就是你需要重新檢討的訊號。請翻回本書的第一步，必要的話，再讀一遍。一旦你開始創作你真正熱愛的東西，那種抗拒宣傳的阻力就會消失。

肯定你的抱負

創意表達就像運動和正念一樣，對健康很重要。幾十年前，「慢跑」還是一種奇怪的潮流；然而，如今整個社會已經知道，經常運動一點也不奇怪。只是在這個方便的時代，我們經常忘了運動對個人福祉的重要性。現在，我

們也正要重新發現「創意」的重要性。

如果創意真的那麼重要，你可能會納悶，為什麼光是創作出來，把作品收進抽屜還不夠呢？畢竟，你可以經常冥想，不需要特地找個隱身之處靜修；你每天早上可以做七分鐘的運動，不一定要去跑馬拉松或參加CrossFit課程。

你之所以需要展現創意，有很好的原因。單純為了維持創意、變得更有人文氣息而進行創作，那也很好。發揮創意令人感覺良好，就像吸入純氧一樣。創作本身，就是一種維持生命及務實的活動。然而，我注意到，總是有一些有趣及令人滿足的方法，可以把創作變成生活中不可分割的一部分，例如透過創業或是與朋友分享有趣的影片。展示作品，可以培養人際關係、磨練技藝，讓你變得更擅長你熱愛的事情。公開展示作品是這個循環的一部分，它可以讓創作變成一種正向循環，讓你繼續追求更大的滿足感。

根據我自己的經驗，以及我與數千位創作者交談的心得，我發現，**當我們持續進步，愛上自己的作品時，自然而然會想要為作品找到受眾，幫助作品發揮影響力**。分享作品時，我們也會更加了解作品，因為在分享的過程中，作品的潛力會更充分展現出來。

如果你的作品是關於你經歷的痛苦，把它分享出來，可以幫助你處理情緒、安撫別人，甚至幫助別人避免同樣的錯誤。瑪麗安琪拉・阿比奧（Mariangela Abeo）痛失胞兄，為了抒發悲痛之情，她開始拍攝那些被自殺觸動的

人。她的創作計畫〈堅毅的臉〉（Faces of Fortitude），提
供了一個安全、無汙名化的空間，讓大家討論心理狀況，
以及分享失去及倖存的故事。我們的社會亟需那樣的空
間，藉由分享經驗（任何形式皆可），你可以感受到療癒
與共鳴，消化及處理痛苦、激勵他人，或者體驗到這些效
益的組合。

　　不要一開始就讓這些事情搞得你不知所措，就像你剛
開始發揮創意那樣，只要你願意從很小的行動開始，這種
成長會自然而然發生。例如，剛開始練習冥想時，馬上閉
關靜修十天，可能令人望而卻步，但沒有人說你一定要那
樣做，才能從冥想中獲得好處。我的妻子凱特在朋友的啟
發下開始冥想，她從每天靜坐五分鐘開始，漸漸參加為期
數日的靜修，到最後成了冥想老師。多年前，她第一次坐
下來冥想時，一定會覺得有朝一日變成冥想老師，是很荒
謬的事。

　　你要主動、積極，不要欺騙自己。如果你的祕密目標
是變成《紐約時報》暢銷書的作者，那就全心投入：加入
寫作小組，寫部落格，投稿，盡可能累積退稿信。

　　你可能才剛開始踏上自己的路，不想分享，只想為自
己創作，那完全沒問題。隨著練習增加，你的感覺可能會
跟著改變。例如，你剛開始烹飪時，可能有好一段期間，
只喜歡為自己或家人準備精緻的餐點。不過，久而久之，
你可能會想要知道，你是否有能力處理更複雜的任務，比

如舉辦晚宴，為賓客準備多道佳餚。一旦你克服了那項挑戰，你可能會突然覺得，做外燴其實挺有吸引力的。

分享不必盛大。 你對素描的喜愛，可能促使你養成一種年度慣例：每年寄送手工繪製的賀卡給所有的親友。畢竟，《南方四賤客》（*South Park*）一開始，只是動畫版的節慶賀卡。

但重點是：我認為你確實有抱負；許多人把抱負鎖在心底，甚至不敢承認。如果你能充分展現雄心壯志，那會是什麼樣子呢？你會感覺多麼神采飛揚呢？

培養分享的能量

這一切都不容易，所以你需要能量，你的身心都要有能力分享。對創作者來說，身體健康、營養、正念特別重要，因為創作與宣傳作品，都要花費很大的精力。如果你讓自己精疲力竭，當你想要推出事業、在大型會議上展示願景，或者出版著作時，你將會力不從心。處理新事物時，你甚至需要更多能量，而分享對你來說，可能是一種全新的體驗。

激勵演說家安東尼・羅賓斯（Anthony Robbins）擅長在他的活動中，為學員帶來難以置信的成效。我有幸與羅賓斯在那種情境中共事好幾次，每次都是神清氣爽地離開。不過，最令人印象深刻的是，我看到他為學員啟動能量，也看到他指導他們如何自己啟動能量。他知道，想在

生活中做出真正的改變是勞心費神的事，無論那項改變是養成新習慣，或是冒很大的風險。所以，他在活動中要求大家跳來跳去，以及走過火堆。這些技巧，只是重塑神經系統的第一步，也是最明顯的步驟。那些方法提醒我們，身體裡的真正能量是什麼樣子，那是我們隨時都可以啟用的能量。

我不是建議你，每次需要分享作品時就舉辦派對，但那樣做也不會有什麼傷害。

在我的播客上，瑞士設計師蒂娜・羅斯・艾森伯格（Tina Roth Eisenberg）分享了一個令我畢生難忘的驚人智慧：**永遠不要忘記，熱情比自信更強大，最終也更有價值**。自信完全跟你自己有關，你是透過反覆策劃成功的結果來培養自信。當你完成並分享作品時，即使作品對外發表並未獲得正面回響，你的信心依然提升了。你知道你有能動力，你知道只要你啟動創作，就有能力完成 —— 這顯然是一種重要又有助益的特質。

熱情可以激發別人的信心與能量，因此它的影響可能更有價值。如果你能讓十個人、甚至上百人感到興奮，想想你的作品可能產生的網絡效應、價值與能量。

有了熱情與自信的支持，現在你只缺乏一點勇氣。勇氣是幫助你啟動的關鍵——這是在透過反覆創作以培養自信之前，也是在熱情激勵你之前。勇氣讓你有能力去做你害怕的事情。如果你把這三種力量結合起來呢？注意囉！

　　信心、勇氣、熱情，是每個人成功的關鍵，影響你在世上的行為舉止。差別在於，欠缺這三項特質的人會說：「呃……這是我的作品，希望你會喜歡，我先告辭了。」具備這三項特質的人會說：「這是我的作品，希望你能給我一些指教。」抱著勇氣、信心、熱情去分享，可以讓事情有好的開始。

成功並非必要

　　你成功分享了你的作品，不表示你的作品就會「成功」，但作品不見得非要成功不可，這點很重要。你可能每件事情都做對了，但依然毫無成果。你的心態與能量，會讓你在面對各種創作失敗時，愈挫愈勇。少了正向的心態與能量，你會馬上崩潰。你知道麥可·喬丹（Michael Jordan）在職業生涯中幾次投籃沒中嗎？超過九千次。以棒球為例，一個傳奇棒球手的打擊率是0.300，這表示他每次揮棒擊中的機率僅三分之一。以任一位著名的創業家為例，他的真實履歷主要是由多次失敗構成的，中間摻雜了幾次重大的成功。我們之所以不這麼想，是因為我們事後講述故事時，習慣輕描淡寫失敗，一直把焦點放在成功上。

　　在創作及分享作品時，你可能每件事情都做對了，但是依然無法保證成功。Best Camera一炮而紅，獲得很大的回響，但最終它卻是我最大的失敗，太多的潛力就這樣喪失了。那次失敗所記取的教訓，變成CreativeLive成功

的關鍵要素。**每次失敗都是一次學習，你從失敗中建立信心，開始相信每次失敗都蘊含一次教訓或機會，宇宙就是透過這種方式，告訴你尚未頓悟的道理。**

這本書的目的，不是要教你創意是什麼，而是要教你如何看待創意。充滿點子的大腦，不如靈活運用的大腦。當你持續發揮創意、分享作品，並勇敢面對結果時，你會明白這些經驗有多麼重要。

你現在就可以這樣做，回想一下五年前或更久之前的某次失敗，例如丟了工作、戀情吹了、財務重創，很可能你現在可以看出那次失敗的真正角色：它是成就你今日地位的墊腳石。

如果你覺得現在面臨的一切，還看不出什麼意義，也悟不出什麼道理，那表示你的鏡頭還拉得不夠遠。當你陷在困境時，可能會覺得周遭一片混亂、很可怕，但如果你把眼光放遠、視野放大，甚至笑看眼前的困難，那樣的視角可以拯救你，幫你撐過一切難關。

創作時，你不僅僅是在創造藝術、產品或事業而已，你是在創造可能性。你不會意識到所有的可能性，但它們確實存在，那是一種良性循環。**唯有擁抱與生俱來的創意，你才會開始看到你能為自己開創的生活**。一開始可能很可怕，但只要你學會把恐懼視為「你在乎結果」的表現，你即將開啟一個全新的世界。

選擇正面積極，
相信一切皆有可能

　　史蒂文斯山隘滑雪場（Stevens Pass）是小而美的滑雪勝地，坐落在西雅圖以東幾小時車程的山口上。我從小在那裡滑雪長大，冬天的週末，我常常搭乘「週六滑雪巴士」到當地滑雪。後來，我在那裡跟朋友一起磨練攝影技巧，度過了許多愉快的日子。

　　所以，滑雪度假村聘請我當攝影師時，我非常開心。後續的五年間，我協助那家度假村改造品牌的視覺形象，目的是吸引各種充滿活力的客群，從年輕家庭到頂尖滑雪客都一網打盡。

　　當時，我的攝影工作讓我有機會走遍世界各地，諸如紐西蘭、歐洲、亞洲，和頂尖品牌合作，但史蒂文斯山隘滑雪場是我相當珍惜的客戶。每次在那裡拍攝當地的滑雪

高手，與當地結識的新朋友一起共事，都讓我樂在其中。這正是我最喜歡的挑戰：與我喜歡的人一起發揮創意、解決問題，待在一個對我來說意義非凡的地方，而且周遭環繞著喀斯喀特山脈（Cascade Mountains）的自然美景，我簡直如魚得水，快樂極了。如果你接觸過很多客戶，你會開始欣賞那些相處起來如沐春風的客戶。與一群好人一起做我熱愛的事情，是我三生有幸的福氣。

隨著專案的進展，我與度假村的年輕行銷長克里斯·魯道夫（Chris Rudolph）愈來愈親近。他在朋友圈裡以「酷事大使」著稱，是我最喜歡的那種人：積極進取、樂天知命、百折不撓。他充分體現了創意，盡其所能讓自己及周遭人過最好的生活，連他的卡車保險桿貼紙都寫著：「成為愛犬眼中的你。」

他在史蒂文斯山隘滑雪場找到那份需要發揮高度創意的工作並不容易，因為競爭非常激烈。但是，憑著恆毅力與聰明才智，他似乎在一夜間，把那個位於美國邊角的小滑雪區，變成冬季運動精英（包括運動員、攝影師、電影製作人）熱愛的祕密場所。我和魯道夫一見面就很投緣，我不在當地時，我們經常保持聯繫，以掌握大雪預報的消息。我一接獲消息，不管我和攝影團隊在何處工作，我們都會馬上搭機趕去史蒂文斯山隘，捕捉現場美麗的雪景。

我們相處的時間愈長，我和凱特與魯道夫和他交往多年的女友安妮變得愈親近。每次我們風塵僕僕趕到當地，

以便拍攝山坡的平滑雪景時，我們都會在拍攝結束後聚在一起，共進晚餐，圍在爐火邊喝啤酒，閒話家常。

2012 年冬季的某一天，我結束威尼斯的攝影工作，前往巴賽隆納，為 CreativeLive 招募一位潛在的員工。我抵達西班牙的那晚，在飯店和西雅圖的凱特通電話，看到新聞報導提及一個令人鼓舞的消息：暴風雪為史蒂文斯山隘帶來大雪。沒什麼比拋下手邊的一切，趕去那個滑雪場捕捉理想雪景更快樂的事了。

然而，我們夫妻倆聊得正開心的時候，我突然看到推特上跳出一條不祥的推文：「史蒂文斯山隘雪崩，活埋滑雪者。」我感到一陣寒意竄上心頭。接著，愈來愈多的最新消息陸續湧入。我得知雪崩的地點是在度假村的偏僻地區，是多數人無法接近的地方，只有熟悉該區的人會去那裡。由於我在當地很久，我在極限運動圈認識的人也很多，那些被雪崩掩埋的滑雪者，很可能是我和凱特認識的人。當時，我和凱特仍在通電話，我們焦急地瀏覽社群媒體和新聞網站，尋找更多的最新消息，但是都找不到詳細的內容。於是，我發簡訊給魯道夫，他身為滑雪場的行銷長，應該知道搜救細節：「老兄，天啊！我想著你，希望一切平安無事。」

在地球的另一端看著事件發展，我感到相當無助。那天深夜在巴賽隆納，我得知了可怕的消息：三名滑雪者在雪崩中喪生，包括我的摯友魯道夫、另一位來自高山自由

滑雪世界巡迴賽（Freeskiing World Tour）的朋友吉姆・傑克（Jim Jack），以及跟我有幾面之緣的滑雪者強尼・布倫南（Johnny Brennan）。另一位我認識的職業滑雪者伊莉絲・薩格史塔（Elyse Saugstad）也困在滑道上，幸好她大難不死。

那個消息令我悲痛欲絕，我完全崩潰了。

我也意識到，要不是我臨時決定前往歐洲，我和攝影團隊可能在雪崩當天，也在那個山坡上。幾年前，我才奇蹟似地從雪崩中生還，那次劫後餘生的經驗，讓我覺得自己和罹難者更親近了。我體會過他們人生的最後一刻勢必也經歷過的恐懼。

我回想上次與死神擦肩而過以後的人生：大雪以時速96公里的速度從山上崩垮下來時，我的腦子裡會閃過什麼？是純粹的恐懼嗎？後悔嗎？還是認命？清晨，在飛往西雅圖的航班上，我茫然望著窗外，捫心自問：我真的過著自己想要的生活嗎？我正在實現真正的天命嗎？

一年後，《紐約時報》以一種開創性的線上多媒體方式，報導了史蒂文斯山隘的雪崩事件。雪崩當天的圖像、影片、動畫、錄音，混合成一種別出心裁的互動式報導。《紐約時報》打電話來邀請我協力報導那個名為〈雪崩〉（"Snow Fall"）的專題時，我感到榮幸，也受寵若驚。我把多年來我和魯道夫一起創作的素材提供給他們，包括空拍照片、經典的滑雪鏡頭、魯道夫本人的肖像照。我覺得這

是緬懷魯道夫的一種方式，也讓他有機會在這個故事中留下創意的印記。後來，那則專題報導榮獲普立茲獎，成為《紐約時報》迄今為止點閱率最高的線上故事。我希望那則報導引起的廣泛回響，有助於提升大家對雪崩的認知。

魯道夫，你堅持走自己的路，直到那段路突然遭到截斷。謝謝你讓我陪你走了一段日子，我會永遠珍惜我們在一起的旅程。

我在本書結尾講述這個故事，目的是為了提醒你和我。

我寫這本書，不單只是為了分享一些實用的創意技巧，或者鼓勵你去「完成那本小說」，或是去「上你一直心心念念的社區大學珠寶製作課程。」那些都是很好的次要結果，但不是我的主要目的。

我寫這本書，是為了幫你打開潛藏在你內心的一部分，一個在我們的文化中遭到嚴重忽視的關鍵空間。**許多人活在這個世上，腦中一直有一種揮之不去的感覺，總覺得生活中少了某個重要的東西**。我們完成學業，展開職涯，成家立業，購屋買房，建立友誼，做了社會告訴我們想過幸福、充實的人生該做的事情，但我們依然不滿足。我開始相信，發揮創意，是我們追求美好人生所欠缺的元素。

創意是一種重要的人類功能，為我們生活中經歷的每件事——每個景象、聲音、情境，賦予了深遠的意義。**如果我們不承認創意的存在，也不持之以恆以各種微小的方式發揮創意，我們是在破壞自己想像、設計、執行、擴**

大理想人生的能力。 沒有創意的生活，缺乏意圖和輪廓，也與我們的人性脫節。沒有創意來展示我們的能動性，我們就像在浪潮中浮沉的軟木塞一樣。

我重讀這整本書，發現我寫了一本我自己需要的書。真希望當初我展開創作之旅時，就能夠讀到這本書。我跟其他人一樣，我只想要快樂。我花了很多時間才意識到，想從生活中得到我想要的一切，唯一的辦法就是自己開創：傾聽召喚，走我自己的創作之路。對每個人來說都是如此，對你來說也是。

快樂不是偶然的，科學清楚顯示，人類的快樂不是從成就中獲得的，而是一種抉擇。我們決定要快樂，接著這個決定幫助我們達成目標，進而帶來滿足感，而不是順序顛倒過來。中樂透頭彩不會讓你快樂，水星終於停止逆行，也無法讓你快樂起來，快樂是一種決定。

沒錯，生活中有一些事情是你無法掌控的，從雪崩之類的天災到嚴重的健康問題，再到塞車、水龍頭漏水之類的日常煩惱，都是你無法掌控的。沒有人能避免命運的左右，無論你是否含著金湯匙出生，你不需要為你的命運負責，**你唯一需要負責的是：你如何把握與生俱來的寶貴天賦，運用創意把那些天賦變成某種東西。那是每個人都能做的；事實上，那是我們人生在世的意義所在。**

我是無可救藥的樂觀主義者，一直努力保持正面積極的態度，把它當成我的核心特質，這對我自己和周遭的人

都有很大的幫助。我們之所以陷入困境，難以脫身，是因為我們認為快樂與正面積極是少數幸運兒的專利。不是這樣的，快樂的人是主動選擇讓自己快樂起來的。正面積極不是盲目樂觀、整天心靈雞湯、掩蓋事實或逃避現實，而是在任何情況中都能發現好的一面，把注意力放在機會與光明面，而不是難關與黑暗面。正面積極是指抱著「一切皆有可能」的信念過生活。

　　沒錯，一切皆有可能。

　　如果你習慣了消極的生活，你會覺得那種感覺再熟悉不過了。只要不期待事情成功，就不會失望，對吧？事實上，大腦先天的設計就傾向負面思考。大腦經過數百萬年的演化後，會優先考慮朝你撲過來的掠食者，而不是掠食者背後的完美日落。所以，大腦在預設模式下，會注意掠食者，完全忽略日落。

　　這種與生俱來的本能，在現代社會中是一種負擔，對我們有害。負面思維會釋放壓力荷爾蒙，使血壓升高，抑制免疫系統，導致許多健康問題。負面思維也會損害認知能力與記憶力；最糟的是，負面思維會變成自我應驗預言。當你預期出現負面結果時，你會調整直覺去採取對應的行動，結果反而創作出你畏懼的結果，強化了那個負面的反應：「看吧！我告訴過你，結果會這樣！」那是一種惡性循環，還有感染力。當你對生活抱著憤世嫉俗的態度時，那種有害的人生觀，也會感染周遭的每個人，無論是

在家裡，或是在工作中。

　　對付負面思維的最好解方是發揮創意，或者，誠如傳奇投資家本・霍羅維茲（Ben Horowitz）所說的：「沒有萬靈丹可以解決那個問題，只能靠穩紮穩打。」

　　每天的小創作可以強化正面積極性，激發果決的思考。在我的職業生涯中，持續抱持正面積極的態度，不斷發揮創意，一直是我的祕密武器。不相信我嗎？

　　想想你認識最善良的人，
　　他的性格是積極的，還是消極的？

　　想想你見過最成功的人，
　　他的性格是積極的，還是消極的？

　　想想你遇過最快樂的人，
　　他的性格是積極的，還是消極的？

　　如果積極正面不是你的天性，別擔心，你是在與你的生理機能抗爭，你有能力改造大腦中的神經迴路。選擇正面積極，選擇快樂，久而久之，你就會轉念。然而，為了讓效果持續下去，你需要一套系統、一套習慣與行為，我希望我在這本書中，已經對你完整揭露了。

　　這就是我的祕密任務，也是IDEA架構的目的：教你「想像」可能的人生，你是在為成功預作準備；持續「設計」你的生活、反覆實踐，你會發現什麼東西適合你、什麼不適合你；規劃好道路以後，你「執行」願景會變得容

易很多；「擴大」你的創意，可以讓你的心靈更豐富，也可以幫你在社群中扎穩根基，你樹立的榜樣將變成指引他人的燈塔。

這本書講述的一切，不見得都適合你，那也沒關係。我是藉由解構分析創作者、滑板客、頂尖表演者、哲學家的生活，來建構自己的生活方式。所以，我鼓勵你把適合你的方法融入生活中，其他的都可以捨棄不用。只要你願意相信你是創作者，也相信你有責任去設計及實現你的夢想，我覺得我的任務就達成了。**隨著你的創作日益深入、寬廣，你對自己的人生會有更強烈的方向感。你將一再地向自己證明，你有能力實現願景。這種能動力與自主性，將會帶給你無與倫比的快樂與滿足感。**

去追求你的創意天命吧！

謝辭

　　我在第10章的開頭，闡述了一個觀點：任何東西都無法憑空出現，每項專案都需要一群幕後功臣的合作，這本書的出版就是很好的證明。

　　首先，我要感謝內人凱特：親愛的，如果沒有妳，這本書可能還是一堆散落在地板上的塗鴉、清單、便利貼、草圖、硬碟上的檔案、引述與筆記。在創作這本書的過程中，有很多時候我是處於崩潰狀態，是妳把我和這本書拼組黏合起來。有時候，妳比我還努力。妳鼓勵我，建議修改，把我潦草寫在小紙片上的胡言亂語，加工變成我想要的概念。我永遠不會忘記妳為我做的犧牲。我知道妳為了這本書，甚至錯過了幾集《權力遊戲》（*Game of Thrones*）。我很感激。妳是我的摯愛、我的燈塔、我的繆斯、我的磐石。

　　感謝我的家人，包括我自己的家庭與大家庭：你們的無盡支持是我生活的動力，我愛你們。感謝一直支持我的朋友，即使我不在的時候，你們也一直支持我。感謝你們保持真實，也幫助我保持真實。感謝你們不只知道我的精彩片段，也持續關心我。你們知道我在這本書裡寫的一切作品，謝謝你們！你們實在太棒了。

　　感謝我的經紀人史蒂夫‧漢索曼（Steve Hanselman）：你是最棒的，遠見過人。謝謝你多年來的指導，在我醞釀這本書時，幫我選了最好的道路。感謝你為這本書的付出，還有下一本，再下一本。我期待與你開心合作，直到天長地久。

　　感謝日復一日為這本書的出版努力付出的團隊，謝謝你們。感謝霍利斯‧海姆布希（Hollis Heimbouch）：從我們見面的第一分鐘，我就知道你是催生這本書的不二人選。謝謝你幫我做出我想做的書，我知道你為這本書奮鬥過，我很感激。謝謝你和哈潑出版社的團隊：麗蓓嘉（Rebecca）、布萊恩（Brian）、瑞秋（Rachel），以及許多幕後同仁。感謝大衛‧莫鐸爾（David Moldawer）：謝謝你幫我把這本書從身心靈中擷取出來，變成文字；謝謝你做的研究，也謝謝你幫我們抓住轉瞬即逝的想法，講出正確的故事，剔除枝節，按時完成任務。感謝每位協助這本書出版的人，我們一起創作出來的東西令我欣喜若狂，這是一項需要眾人努力才能完成的專案。

感謝親愛的作家朋友，他們很早就拿到這本書的草稿、提供建議，為這本書塑造了輪廓，包括：布芮尼・布朗（Brené Brown）、提摩西・費里斯（Timothy Ferriss）、賽斯・高汀（Seth Godin）、羅伯・葛林（Robert Greene）、萊恩・霍利得（Ryan Holiday）、史考特・奧蒙特（Scott Aumont）、羅森・諾格魯（Rozen Noguellou）、梅根・賈斯帕（Megan Jasper）、卡爾・麥考利斯特（Cal McAllister）、艾利克斯・希林格（Alex Hillinger）、泰勒・溫特斯（Taylor Winters）……你們為這本書付出的時間，對我來說是一大恩賜。謝謝你們的支持，我永遠感激不盡。

感謝本書中提到的偶像、明星、領導者、英雄、朋友、合作者。感謝每一位在用餐、受訪（無論錄音與否）、共事、共學、生活中與我分享經歷、智慧和故事的人。這本書每收錄一個精彩例子，就忍痛捨棄了三到五個其他例子。但是，請放心，我會在未來的書籍、播客、訪談、巡迴簽書會、無數的其他場合中分享那些例子。感謝你們成為耀眼的榜樣，讓我、本書的讀者，以及你們在追求創作天命的過程中已經影響的人有學習效法的對象，你們實在是太棒了。

感謝這本書的設計團隊：米蘭・博齊克（Milan Bozic）、盧・馬克森（Lou Maxon）、瓦斯科・莫雷利（Vasco Morelli）、馬特・奎恩（Matt Queen）、安德魯・范勒文（Andrew van Leeuwen）、諾頓・札尼尼（Norton

Zanini）。顯然，做一本有關創意的書，我們需要適度挑戰一般書籍的包裝。謝謝你們為這本書犧牲的夜晚、週末和休息時間，我很喜歡最後的結果。

　　感謝我過去、現在、未來在CreativeLive和CJI的工作團隊：這真是一段瘋狂的旅程。在這些患難與共的團隊中，有太多的合作者與夥伴，我無法在此一一唱名。你們一起投入了數千個小時，日復一日做著大家認為不可能完成的事情。看著團隊合作與個人努力，我從你們身上學到很多，你們啟發了我寫這本書的靈感。過程中，有好幾次你們覺得我瘋了（或許這有時是真的），但我希望你們也為我們共創的這番成就感到高興。我知道我很開心，我希望你們也跟我一樣，為即將到來的一切感到興奮。

　　最後，感謝所有人：最重要的是，我們不只是嘴巴說說而已，我們做到了。

Star 星出版 生活哲學 LP004

開啟你的創意天賦：
運用 IDEA 四步驟，打造你想要的人生

Creative Calling：
Establish a Daily Practice,
Infuse Your World with Meaning,
and Succeed in Work + Life

作者 —— 卻斯·賈維斯 Chase Jarvis
譯者 —— 洪慧芳

總編輯 —— 邱慧菁
特約編輯 —— 吳依亭
校對 —— 李蓓蓓
封面設計 —— 兒日設計
內頁排版 —— 立全電腦印前排版有限公司

讀書共和國出版集團社長 —— 郭重興
發行人兼出版總監 —— 曾大福
出版 —— 星出版／遠足文化事業股份有限公司
發行 —— 遠足文化事業股份有限公司
　　　　231 新北市新店區民權路 108 之 4 號 8 樓
　　　　電話：886-2-2218-1417
　　　　傳真：886-2-8667-1065
　　　　email: service@bookrep.com.tw
　　　　郵撥帳號：19504465 遠足文化事業股份有限公司
　　　　客服專線 0800221029
法律顧問 —— 華洋國際專利商標事務所 蘇文生律師
製版廠 —— 中原造像股份有限公司
印刷廠 —— 中原造像股份有限公司
裝訂廠 —— 中原造像股份有限公司
登記證 —— 局版台業字第 2517 號

出版日期 —— 2020 年 07 月 08 日第一版第一次印行
定價 —— 新台幣 420 元
書號 —— 2BLP0004
ISBN —— 978-986-98842-4-2

國家圖書館出版品預行編目（CIP）資料

開啟你的創意天賦：運用 IDEA 四步驟，打造你想要的人生／
卻斯·賈維斯（Chase Jarvis）著；洪慧芳 譯. 第一版. – 新北市：
星出版，遠足文化發行, 2020.07
320 面；14.8x21 公分 . -- （生活哲學；LP 004）.
譯自：Creative Calling: Establish a Daily Practice, Infuse Your World
with Meaning, and Succeed in Work + Life
ISBN 978-986-98842-4-2（平裝）

1. 創意 2. 創造性思考 3. 成功法

176.4　　　　　　　　　　　　　　　　109009069

星出版讀者服務信箱 —— starpublishing@bookrep.com.tw
讀書共和國網路書店 —— www.bookrep.com.tw
讀書共和國客服信箱 —— service@bookrep.com.tw
歡迎團體訂購，另有優惠，請洽業務部：886-2-22181417 ext. 1132 或 1520

本書如有缺頁、破損、裝訂錯誤，請寄回更換。
本書僅代表作者言論，不代表星出版／讀書共和國出版集團立場與意見，文責由作者自行承擔。

新觀點
新思維
新眼界

Star

星出版